Wiglaf Droste
SIEGER SEHEN ANDERS AUS

**Mit Zeichnungen
von Rattelschneck**

Edition Nautilus

Editorische Notiz: ‚Sieger sehen anders aus' war der Titel der dritten und vorläufig letzten LP, die der Wiener Schauspieler und Sänger *Franz Morak* 1982 veröffentlichte. Moraks Opus Magnum enthält u.a. die Zeilen „Es ist nicht alles rosarot / Vieles ist himmelblau", die dem Autor dieses Buches als eine Art zenbuddhistisches *Koan* zwölf Jahre lang beste Dienste geleistet haben. Vielen Dank.

Wiglaf Droste, 1961 in Westfalen geboren, kam 1992 nach einer langen Odyssee durch diverse Clubs als Stammspieler zum FC Nautilus (vormals Bergedorf 85), dessen Trainergespann Schäfler/Schulenburg ihn bevorzugt als Libero einsetzt. Seine demzufolge reichlich bemessene Freizeit verbringt er als Schlachtenbummler auf unterschiedlichsten Schauplätzen seiner Wahl. Der Gelegenheitssänger, Schriftsteller und Kolumnist veröffentlicht u.a. in der Tageszeitung *junge Welt,* im *Tip* und in *Titanic.*

Marcus Weimer, Zeichner des Umschlags und der Illustrationen, lebt als die eine Hälfte von *Rattelschneck* und als „emotionales Löschpapier" (Olav Westphalen, die andere Hälfte) hell erleuchtet in Hamburg.

Edition Nautilus Verlag Lutz Schulenburg
Am Brink 10 · D-21029 Hamburg
Alle Rechte vorbehalten · © Lutz Schulenburg 1994
1. Auflage 1994 · ISBN: 3-89401-232-3
Printed in Germany

für Otto von Reine

War Hitler Antifaschist?

„Wem gehört der Widerstand?" fragten Deutsche jeder Couleur termingerecht zum 20. Juli 1994 rhetorisch in die Runde, um dann fix und ebenso unisono auszurufen: „Uns!" bzw. „Mir!" Ob Militaristen, Sozialisten, Kommunisten, Christen, Seifenkisten: Jede Lobby hat ihre oder wenigstens ihren Toten. Das ist gut fürs Selbstverständnis, fürs Gefühl und fürs Image; wer die Leichen von gestern hätschelt, braucht sich um die von heute nicht zu scheren. Die Deutschen, die ein Drittes Reich ebensowenig verhindert haben, wie sie das bei einem eventuellen Vierten tun werden, sind durch den postumen Zugriff auf ein paar Handvoll Widerstandskämpfer in den Genuß der Kollektivunschuld gelangt. Und genauso, wie 1989 Zwanzigjährige beteuern konnten, sie seien „40 Jahre nur belogen und betrogen" worden, dürfen sie heute gratis und treuherzig für sich reklamieren, zur Erbengemeinschaft Widerstand e.V. zu gehören.

Von dieser soll und darf kein Deutscher mehr unsensibel ausgegrenzt werden. Wenn heutige halbe Nazis die Gedenkreden auf ermordete Widerständler halten, ist auch diese Frage nicht weit: War Hitler eigentlich wirklich ein Nazi? Oder, andersherum: War Hitler nicht doch Antifaschist, letztlich? Diese Fragen darf man nicht den Rechten, nicht Nolte, nicht Zitelmann & Co. überlassen! Da müssen *linke Querdenker* her, Leute mit der Nase im Wind: Hat nicht Hitler selbst den Nationalsozialismus zerstört? Nein? Die Rote Armee und die Alliierten wären das gewesen? Ach was: Wenn Hitler den Krieg nicht angefangen hätte, hätten ihn die anderen nicht gewinnen können. Na also! Und die grün-braunen Öko-Freunde mit dem Herz für Mutti Erde geben zu bedenken: „Es war nicht alles schlecht an Hitler. Sicher, die Autobahnen sind schlimm. Die hätte er niemals bauen dürfen. Aber das mit dem Winterhilfswerk und das mit den Juden war doch gut. Heil Praktiker!"

Die Debatte um den Widerstand gegen Hitler hat denselben Effekt wie die über Spielbergs Film ‚Schindlers Liste' kurz zuvor: Beide sind ein Schlußstrich. Den Deutschen wird Generalamnesie erteilt. Sie dürfen sich, egal was sie tun, fühlen als ein einig Volk von Widerstandskämpfern; dazu müssen sie nicht einmal damit aufhören, die im Lande lebenden Ausländer umzubringen. Ganz schön praktisch, der Verordnete Antifaschismus von 1994.

Was in Bad Kleinen wirklich geschah

Am 27. Juni 1993 auf dem Bahnhof von Bad Kleinen, Mecklenburg, erschießt der GSG-9-Beamte Michael Newrzella zunächst sich selbst. Tödlich verletzt fällt er zu Boden, erinnert sich aber im letzten Moment seiner Dienstpflicht, schleppt sich zu dem RAF-Mann Wolfgang Grams, der ein Stück den Bahnsteig hoch auf dem Rücken liegt, kniet sich auf ihn, liquidiert ihn mit einem Schuß in die Schläfe, schleppt sich wieder den Bahnsteig zurück, wirft mit letzter Kraft das tödliche Projektil in die Blumenbeete, gibt aus seiner Dienstwaffe noch gut 50 ungezielte Schüsse wild in die Gegend ab und legt sich mit einem nicht unzufriedenen „Hahaha, bin gespannt, wie ihr aus der Nummer wieder rauskommt, hahaha!" zum Sterben.

Warum Birgit Hogefeld sofort raus muß

Fünf Tage nach ihrer Verhaftung in Bad Kleinen veröffentlichte die *taz* einen Brief von Birgit Hogefeld, in dem sie über ihren erschossenen Gefährten Wolfgang Grams u.a. schrieb: „Er hatte eine sehr schöne Tenor-Stimme, und manchmal hat er Blues-Lieder improvisiert, das hat ihm großen Genuß gemacht. Wenn wir in anderen Verhältnissen als den unmenschlichen in diesem Land geboren wären, dann hätte die Musik in seinem Leben mit Sicherheit eine große Rolle gespielt."

Hogefelds Bekenntnis zum Terrorismus mit *human*

touch ermöglichte eine weitere Theorie über den Tathergang: Grams steht, den Meinhof-Blues nölend und Air-Guitar spielend, auf dem Bad Kleinener Bahnsteig. Der Polizist Newrzella, privat ein Musikliebhaber, kommt hinzu; vergeblich versucht er, sich die Ohren zuzuhalten. Mit gefalteten Händen auf die Knie sinkend, fleht er Troubadix Grams an, das Gejaule zu beenden. Doch der schüttelt hämisch den Kopf und singt verzückt weiter. Newrzella erschießt schließlich Grams in musischer Notwehr und gibt sich, verbittert über die Unzulänglichkeit der Welt und ihrer Bewohner, ebenfalls die Kugel.

Jetzt hat die *taz* abermals Äußerungen Birgit Hogefelds dokumentiert. Die Doppelseite vom 16.7.94 belegte erneut, wieviel Richard von Weizsäcker und die RAF gemein haben: Es wird gemenschelt. Übers „Brot backen" und „Marmelade kochen" geht es zur „Diskussionskultur", ja zu einer „Wertediskussion", und eigentlich wäre Hogefeld „gerne Organistin geworden". Die RAF, das kann man dem religiösen Traktat entnehmen, ist in den 90er Jahren mitsamt ihren Unterstützern zu einem Häuflein Moralapostel mit Sehnsucht nach Gruppenmief, nach sog. *menschlicher Wärme* und nach fairer Behandlung durch das, na klar, *Schweinesystem* herabgesunken.

Terrorist ist ein Beruf wie andere auch: man kann erwarten, daß die Leute ihre Arbeit tun, statt immer nur drüber zu reden. An der RAF ist nicht die Befindlichkeit ihrer Mitglieder, sondern allein ihre Funktion von Interesse: Leuten, die eine andere Sprache nicht verstehen, so überzeugend drohen, daß sie wenigstens um ihr blödes Leben fürchten müssen. Wenn Kohl, Rühe, Kanther u.ä. schon nicht über genügend Einsicht und Stil verfügen, sich selbst freiwillig wieder in die Nahrungskette einzugliedern, soll ihnen immerhin die Muffe gehen. Einzig dazu ist die RAF da; das Gegreine, ein Terrorist sei doch „auch nur ein Mensch", ist bei einem Angehörigen der RAF genauso verlogen und unprofessionell wie bei einem Polizisten.

Schon deshalb muß Birgit Hogefeld unverzüglich freigelassen werden. Denn jemand, der im Hochsicherheitstrakt sitzt, kann man nicht in die Klosterschule zurückschicken.

Helden in Dosen

Am 16. Juli 1993 schrieb Bundesfinanzminister Theo Waigel via *Bild*-Zeitung einen Brief an die Mutter des in Bad Kleinen getöteten GSG-9-Mannes Michael Newrzella. In dem Brief findet sich u.a. dieser goldene Satz: „Er ist für den Rechtsstaat, die demokratische Ordnung und letztlich für uns alle gestorben." Bitte kurz sacken lassen, nachschmecken und die Lügen zählen. Wer auf weniger als fünf kommt, ist gläubisch oder in Addition eine Niete.

1. Die postume Verwandlung eines Polizeibeamten in eine verschärfte Jesus Christus-Konkurrenz („für uns alle gestorben") mutet allzu biblisch und wundersam an.

2. Das Heldenpathos des obersten deutschen Kassenwarts klappt durch den Gebrauch des Wörtchens „letztlich" komplett in sich zusammen.

3. Das, was manche Leute immerzu „Rechtsstaat" nennen müssen, wie um sich selbst davon zu überzeugen, fand

in Bad Kleinen nicht statt. Im Gegenteil: Wer in Zukunft einen Berufskiller nötig hat, kann sich gleich an die GSG 9 wenden. Aber Vorsicht: jede Menge Stümper unterwegs!

4. Auch die vielbemühte „demokratische Ordnung" trat auf dem Bahnhof von Bad Kleinen nicht zutage. Es handelte sich vielmehr um eine Art Bandenschießerei mit ungerecht verteilten Chancen, die noch dazu extrem unordentlich abgewickelt wurde.

5. „Uns alle" gibt es nicht, außer in den Vorstellungen solcher Figuren wie Waigel, die von Arbeitsfront, Volkssturm usw. träumen, und

6. hätte Waigel seine kostbaren Empfindungen auch schlicht privat mitteilen können, anstatt sie sich wie einen Klempnerladen an die Brust zu heften.

Abgesehen von all diesem möchte ich zu der Behauptung, der Polizist Newrzella sei „für uns alle gestorben", doch wenigstens einmal deutlich gesagt haben: für mich nicht. Ein speziell zum Totmachen ausgebildeter Mann hat einen Arbeitsunfall erlitten. Was ficht mich das? Wenn nach den Heldenposen die Helden in die Zinkdosen kommen, so ist das nur gerecht; alles andere zeugte von miserabler und schludriger Berufsauffassung. Waigels Satz läßt sich auf drei Worte reduzieren: „Er ist gestorben." Alles andere ist Schmus und bramarbasierendes, völkisches Getue.

Vor dem Hintergrund des Einzelheldentods von Bad Kleinen muß man auch die Reise deutscher Soldaten nach Somalia betrachten: und tschüß! Sie gehen ihrer Bestimmung entgegen: zu töten und getötet zu werden. Letzteres möchten sie allerdings nicht so gerne. Warum nicht? Es ist doch ihr Beruf. Sie haben sich doch freiwillig

zum Dosenbiertrinken, Skatspielen, Gehorchen, Allesmit-
machen und Morden ausbilden lassen. Wenn sie das nicht
wollten, warum haben sie nicht den Kriegsdienst verwei-
gert? Das ist zwar mit ein bißchen Mühe verbunden, aber
ganz umsonst ist das Privileg, etwas mehr zu sein als ein
dumpfes Stück Fleisch, nun einmal nicht zu haben.
Mitgefühl ist nicht angebracht, wenn die Töterichs auf
große Fahrt gehen. Daß Mütter und Ehefrauen telegene
Tränen vergießen, ist kein Argument; sie hätten die ge-
meingefährlichen Dummklumpen, die sie geboren bzw. ge-
heiratet haben, besser vorher festbinden und ihnen die
Köpfe waschen sollen. Und zwar von innen.

Es wäre schöner und sinnvoller, wenn all jene, die so
enticht und verblödet sind, daß sie partout den Heldentod
fürs Vaterland sterben wollen, sich selbst eine Kugel in den
Kopf schössen. Die Welt bliebe von ihnen unbehelligt, ich
könnte meinen Geist an Lohnenderem wetzen, und der
Schamott von Ehre und Tschingderassabumm, den ihnen
eiskalte Etappenkrieger – wie Waigel – hinterherschicken,
würde vielleicht endlich einmal verbraucht.

Männer unter sengender Sonne

Erstmals die volle Wahrheit über den dramatischen,
persönlichen Einsatz Volker Rühes in Belet Huen

„Brennend heißer Wüstensand ..." quillt es aus dem Lager-
radio in Belet Huen. Ja, heiß ist es hier, sengend heiß. Den
deutschen Soldaten, die kühleres Klima gewohnt sind,
schlägt die afrikanische Sonne unbarmherzig auf die
Libido. 1.700 Blauhelm-Penisse stehen unter Druck. Und
die Heimat in den Traummaßen 95–60–95 ist weit.
Vergeblich sehnt sich der deutsche Soldat zurück in die
Familie. Aaah, schön schattig war's dort, in Tann und
Forst: Im Moos, im Moos, im roten Moos, da war ihr
Schoß, so groß, so groß ... Aber hier ist es nur heiß, heiß,
heiß, die Kenianerin ist nah, nah, nah – aaaber verboten!
Nei–en! Don'ta you toucha! It'sa contaminated a! „... da-
mit du nie vergißt, wo es am schönsten ist, nämlich bei
Mutti zuhause", scheppert abermals Freddy Quinn aus dem
Lagerfunk. Aber „Voulez-vous coucher avec moi, ce soir?"
rumpelt es in den Köpfen der einfachen Landser.

Selbst die Kameradschaftsabende drohen auszuarten:
Obwohl bei zwo Bier pro Mann und Abend keine Fahne
im Winde klirrt, kommt es zu Engtanzexzessen; Fla-
schendrehen und Klammerblues sind die Regel. Erwachsene Männer umschleichen einander, richten begehrliche
Blicke auf die privatesten Regionen ihrer Körper. Der
Notstand schweißt die Kameraden eng zusammen – zu
eng? Alice und Stefan Waggershausen singen: „Sso nah
am Feuer, sso nah am Tabu ..." Eine Explosion steht
kurz bevor.

Jetzt kann nur noch Volker Rühe helfen, der massige

massimo lider. „S.O.S., S.O.S.", telegraphiert man ihm auf die Hardthöhe; Rühe zögert nicht eine Sekunde. Die Moral der Truppe ist in größter Gefahr, doch für Deutschland und für seine Männer tut der Minister buchstäblich alles. „Optimale Truppenbetreuung, voller humanitärer Einsatz, Pflichterfüllung bis zur Selbstaufgabe: Der Mann ist kein Schreibtischhengst", loben denn auch die jungen Soldaten ihren Chef, nachdem er sein Bestes gab, 1.700 mal, und endlich Friede herrscht in Belet Huen.

Pro Patria Bosniae

*Freimut Duve zärtlich zugeeignet
(und Arno „– – –:::!!!" Schmidt irgendwie auch)*

Verantwortung!:
Europa! –
– Eu'r Opa:
Klaus Hartung! –

O Intervention!
(Auch: Interpunktion!)
Wir kommen ja schon!
Und retten – gemeinsam mit Olaf Thon –
Die Kanali –, nein: die Zivilisation:

Piff-Paff,
Piff-Paff,
Piff-Paff:
Der Pfaff
trägt ihn
nit länger schlaff.

Mit Nazis *reden?*

Am Mittwoch, dem 25.8.1993, hatte man erneut Gelegenheit, deutschem TV-Topjournalismus beizuwohnen. In den *ARD-Tagesthemen* führte Sabine Christiansen ein Interview mit dem sächsischen Innenminister Heinz Eggert über die Frage, ob man junge Neonazis in freundliche, milde Menschen verwandeln könne, indem man sie mit Jugendzentren, Sozialarbeitern usw. überhäufe. Eggert, dessen Äußeres immer wieder in Erinnerung ruft, daß die Folge *Amok in Bethel* aus der TV-Serie *Peter Strohm* noch nicht gedreht worden ist, kippte die Interviewsituation um und fragte Frau Christiansen: „Wann haben Sie oder ich das letzte Mal mit einem Rechtsradikalen gesprochen?"

Nun ist allgemein bekannt, daß Sabine Christiansens berufliche Qualifikation im Besitz eines CDU-Parteibuchs besteht, und gerne erzählen Kollegen, daß sie, als einzige in der *Tagesthemen*-Redaktion, nicht in der Lage ist, sich ihre Nachrichtentexte selbst zu schreiben. Ihre parteigebundene Beschränktheit macht Frau Christiansen dadurch wett, daß sie bei jeder ihr sich bietenden Gelegenheit mit Volkes Stimme spricht; ihr journalistisches Rückgrat kommt dem einer Salatschnecke gleich. Und dennoch hätte selbst sie auf Eggerts o.g. Frage mit Leichtigkeit antworten können: „Aber wieso? Das tue ich doch gerade", oder, ganz simpel: „Warum? Ist das jetzt Pflicht?"

Es scheint so. Alle Welt sucht das Gespräch mit Rechtsradikalen. Warum? Haben sie einem etwas zu sagen? Ist nicht hinlänglich bekannt, was sie denken, fordern und propagieren? Wo liegt der beschworene aufklärerische Wert, wenn Henryk Broder in der *taz* Franz Schönhuber interviewt? Muß man an jeder Mülltonne schnuppern? Niemand wählt Nazis oder wird einer, weil er sich über deren Ziele täuscht – das Gegenteil ist der Fall: Nazis sind Nazis, weil sie welche sein *wollen*. Eine der unangenehmsten deutschen Eigenschaften, das triefende Mitleid mit sich selbst und den eigenen Landsleuten, aber macht aus solchen Irrläufern der Evolution arme Verführte, ihrem Wesen nach gut, nur eben ein bißchen labil etc., „Menschen" jedenfalls, so Heinz Eggert, „um die wir kämpfen müssen".

Warum? Das Schicksal von Nazis ist mir komplett gleichgültig; ob sie hungern, frieren, bettnässen, schlecht träumen usw., geht mich nichts an. Was mich an ihnen interessiert, ist nur eins; daß man sie hindert, das zu tun, was sie eben tun, wenn man sie nicht hindert: die bedrohen und nach Möglichkeit umbringen, die nicht in ihre Zigarrenschachtelwelt passen. Ob man sie dafür einsperrt oder ob sie dafür auf den Obduktionstisch gelegt werden müssen, ist mir gleich, und wer vom Lager für andere träumt, kann gerne selbst hinein. Dort, in der deutschen Baracke, dürfen dann Leute wie Rainer Langhans, Wolfgang Niedecken und Christine Ostroswki zu Besuch kommen und nach Herzenslust mit denen plaudern, zu denen es sie ständig zieht.

Ganzkörpergänsehaut

Der 44. Tag der Heimat in Berlin: Greise, Blasmusik,
ein Innenminister und ein paar Dutzend
trittbrettfahrende Neonazis

Ist jeder Vertriebene ein hoffnungsloser Reaktionär, nur
weil es bequem ist, das so zu sehen? Gibt es nicht doch eine harmlose, nicht-revanchistische *Liebe zur Heimat*, auch
wenn man selbst nichts damit anfangen kann bzw. seine
Gefühle für Konkreteres reserviert? Kann man das Motto
des 44. Heimattages, „Europäische Friedensordnung mit
Volksgruppenrechten", in „Friedensordnung mit rechten
Volksgruppen" umkehren, weil das so nahe liegt? Ist jeder,
der *Königsberg* sagt statt *Kaliningrad*, ein Aggressor?
Oder ist es nicht eher so, wie Sprachforscherin Gisela
Güzel ausführt: „Man darf *Königsberg* sagen, muß aber
Kaliningrad schreiben"? (Die deutsche Sprache kennt fei-
ne Unterschiede, damit wir von ihnen Gebrauch machen.)
Nicht jeder, der nach Ostpreußen, Schlesien, Böhmen und
Mähren usw. reist, tut das, weil er das oder ein Teil davon
wiederhaben will; wenn er bloß kucken möchte, ist das
legitim. Auch ich, mütterlicherseits Ostpreuße, werde vielleicht einmal gemeinsam mit dem aus Schlesien stammen-
den Kollegen Max Goldt eine Reise nach u.a. Tilsit und
Kaliningrad, das wir dann *Königsberg* nennen werden, antreten, natürlich ohne dabei von Annexionsgedanken getrieben zu sein.

Und doch ist mir nicht allzu wohl, als ich mich am
Sonntag, dem 5. September 1993, begleitet von Bruder
Finn, in die Charlottenburger Sömmeringstraße erstmals
im Leben zu einem „Tag der Heimat" aufmache, um für den

19

Freitag darüber zu berichten. Zu oft hat man das ranzige „Alles deytsch!" gehört: „Der Tschäch ist fräch / Der Tschäch moß wäch / Der Pollack ouch / Der moß ouch wäch", so spricht es aus Berufsvertriebenen, seit es sie gibt, und je schwächer die jetzigen Kleinstaaten des früheren Ostblocks werden, desto unverschämter fordern und verlangen die Deutschen Land, also Macht. Auch das Bild eines Endzwanzigers, der in der Talkshow von den „Schrecken der Vertreibung" berichten konnte, ohne dafür ausgelacht zu werden, ist mir noch in Erinnerung; man muß hierzulande nicht logisch sein, wenn man nur deutschnational daherschwallt.

Gleich am Eingang der Sporthalle Charlottenburg verteilt ein REPublikaner Flugblätter. Unter dem Rubrum „Noch ist Schlesien nicht verloren" finden sich massive territoriale Besitzansprüche gegenüber Polen; „Verzicht ist Verrat", heißt die Parole, die auch später im Saal proklamiert werden wird.

Vorher aber ist das Kulturprogramm dran. Woran soll man einen Menschen erkennen, wenn nicht an seiner Kultur? Eckige junge Menschen in bizarren Trachten hopsen über die Bühne und führen sog. Tänze mit Titeln wie *Poetischer Mädchenreigen* auf; hier werden die Schrecken der Turnstunde lebendig. *Paparazzi*-Fotograf Schulz, den ich zufällig treffe, will das nicht knipsen: „Ich bin doch kein Päderast." Zwischendurch scheppert Marschmusik; „Blasmusik ist Balsam für die Ohren", behauptet die ölige Moderatorin, die es fertigbringt, noch ranschmeißerischer als Caroline Reiber zu sein, und erhält für das Eingeständnis fehlenden Geschmacks donnernden Applaus. Der kommt ohnehin knopfdruckartig; die ca. 3.500 Besucher im Saal handeln nicht einzeln, sondern geschlossen, als Klops, als *Masse*. „Hier krieg' ich 'ne Ganzkörpergänsehaut", sagt Bruder Finn.

„Märkische Heide" wird gespielt, was das mit Vertreibung zu tun hat, kann niemand erklären, der eine Landkarte zu lesen in der Lage ist; bei diesem Stück deutschen Liedguts betritt Heinrich Lummer die Arena, der kleine Bonaparte; demonstrativ singt er mit. Eberhard Diepgen sieht im Vorbeigehen aus wie seine eigene Wachsfigur; Manfred Kanther, als „Hauptredner" angekündigt, verzichtet auf Jovialitäten, entert den Raum im Ring seiner Leibwächter, eingearbeitetes Siegerlächeln, steifer Herrenmenschengestus: ein Profi, an dem auch die „Stasi!"-, die „Lügner!"- und die „Heuchler!"-Rufe und die Pfiffe, die nur dutzendfach, aber dennoch laut vernehmlich ertönen, einfach abperlen.

Manfred Kanthers Widersacher an diesem Nachmittag sind Leute, die ihn, wie man ihrem Geschrei entnehmen kann, für eine „linke Sau!" halten; das muß man sich erstmal klarmachen, daß diese Halb-Dregger-halb-Schönhuber-Figur diversen Deutschen noch nicht hitlerisch genug ist. Von diesen Neonazis wird es am Abend in der *ARD-Tagesschau* heißen, „Jugendliche" hätten versucht, Kanthers Rede zu stören; die vage und auch altersmäßig falsche, schlicht gelogene Bezeichnung „Jugendliche" – selbst Kameramänner haben Augen im Kopf – beleuchtet kurz, knapp und eindeutig das Schema der Verharmlosung, mit denen die Öffentlichkeit Leuten begegnet, die nicht nur volljährig und geschäftsfähig, sondern eher zwischen 20 und 40 Jahre alt und auf Mord- und Brandanschlag aus sind: Sie sind halt jung, die müssen sich die Hörner abstoßen, die werden auch mal ruhiger usw.

Gerade, als Manfred Kanther vom „wichtigen Beitrag der Vertriebenen zum Aufbau der Demokratie" spricht und seine Lieblingswerte, die bei ihm stets aggressiv gegen Minderheiten gemeinten Vokabeln „Arbeit" und „Leistung", hochhält, ist mir ein Erlebnis der traumatischen Art vergönnt. Ca. 30 Meter rechts von mir wendet sich ein Block von einem halben Dutzend derer, die eben noch Kanther „Lügner!" und „Heuchler!" zuriefen, mir zu. Unisono zeigen ihre Finger auf mich, unisono grinsen sie, unisono skandieren sie ein Dutzendmal: „Wiglaf! Wir kennen dich! Wir kriegen dich!"

Zeit zu gehen, beschließe ich, strebe mit Bruder Finn zügig dem Ausgang zu, aber die Burschen sind uns auf den Fersen. Dreimal so viele wie wir sind sie, etwas zum Schlagen und zum Stechen haben sie auch alle dabei, da heißt es flitzen. Klappt aber auch nicht; rechts hoch der Weg zum nächsten Taxi ist lang und menschenleer. Vor der Halle ist alles grün – nie hätte ich gedacht, daß ich mich mal so freuen würde, die Mehlmützen zu sehen, die uns dann auch tatsächlich abschirmen, allerdings nicht einmal die Personalien der Verfolger feststellen; deren Behauptung, mit mir „nur reden" zu wollen, möchte ich nach dem vorher mit der Waffe in der Hand geäußerten „Wir machen dich fertig, du Schwein!" auf keinen Fall auf ihren Wahrheitsgehalt hin überprüfen. Knapp war's, und wir haben großes Glück gehabt, noch heile zu sein.

Nein, Vertriebenenfunktionäre und Heimatredner sind keine Nazis; dazu sind sie zu gemütlich und zu gutbürgerlich. Sie sind bloß das Milieu, in dem Nazis perfekt gedeihen.

„Den Faschisten Barolo bieten!"

Es ist unglaublich warm in der Kneipe ‚Zur betrunkenen Antifa' an diesem Sommerabend in Prenzlauer Berg. Mehrere hundert zumeist junge Menschen stehen sich in dem winzigen Kellerlokal in der Nähe des Kollwitzplatzes gegenseitig in den Schuhen. Getrunken wird viel, vor allem Wernesgrüner Bier, aber auch die Hausspezialität, ein Wodkacocktail namens ‚Stalin-Orgel', findet reißenden Absatz. Dietmar Dath, bei *Spex* und *Heaven Sent* als Dauerrekonvaleszent unter Vertrag, trägt auch bei 45° Celsius und subtropischer Luftfeuchtigkeit eine schwarze Skimütze aus Wolle mit aufgenähtem weißen ‚X': Wer schön blöd sein will, muß leiden. „Malcolm zehn", quatscht ihn ein Kumpel an, „hab ich mir nicht angekuckt. Ich hatte die ersten neun Teile nicht gesehen. Da wäre ich dann nicht mehr reingekommen."

Im Hinterzimmer ist die Luft noch dicker. Auf einer Kleinstbühne findet eine Podiumsdiskussion statt. Thema ist natürlich: Deutschland und die Welt. Soeben liest *junge Welt*-Chefredakteur Jürgen Elsässer angewidert aus der *FAZ* vor; *Konkret*-Herausgeber Gremliza hört nicht minder angeekelt zu. „Hermann L. Gremliza, grammatisches Gewissen der Nation / Verteilt Zensuren für den besten antideutschen Spott und Hohn", ruft der blutjunge Kollege Gumhur Güzel schnippisch in die Runde, räumt nach einem gestrengen Blick aber selbst ein:

„Das ist natürlich viel besser, als wenn Martin Walser den Faschos im *Spiegel* gute Deutschnoten gibt." Puuh, das war knapp, aber für dieses Mal kann der Generations-

23

konflikt in der Welt des Linksradikalismus noch abgebogen werden.

„Kein Faßbreit den Faschisten!" grölt ein Kreuzberger Alt-'81er unter Beifall in die Runde; „Genau! Scheiß-Flaschisten! Das sind doch voll leere Typen! Und wo is' überhaupt mein Glas, ey?" pflichtet ihm ein schon etwas angeschlagener Baseballkappenträger – Schirm natürlich nach hinten! – bei.

Alles will sich in Wohlgefallen und Seligkeit auflösen, da betreten zwei späte und unerwartete Gäste den antifaschistischen Boden: Diether Dehm, marxistischer Überbau der SPD und Texteschreiber u.a. für Klaus Lage, dem z.B. die Zeile „das Telefon schweigt wie gefrorenes Holz" gelang, und, das ist *Der Hammer:* Gregor Gysi. Arm in Arm stehen die beiden Hoffnungsträger. Und lächeln, obwohl keine Kamera da ist. „Wir kommen gerade aus der Toscana", strahlt Dehm, und Gysi nickt ihm zu und lacht: „Faschisten, Diether, Faschisten muß man Barolo bieten! Prösterchen." – „Prostata, Gregor. Prostata."

Frühling für Filbinger

Neue Sicht auf alte Nazis: Im ZDF verordnet Intendant
Dieter Stolte Geschichtsklitterung

Dieter Stolte ist die Wacht am Main: Als Matthias
Deutschmann im August 1993 im *ZDF-Morgenmagazin*
den IOC-Präsidenten Samaranch als den „Franco-Faschi-
sten a.D." bezeichnete, der Samaranch ja nachweislich ist,
wurde der Intendant, obwohl eigentlich im Urlaub, sofort
persönlich aktiv und entfernte Deutschmann und seine
Kolumne aus dem Programm. Und als drei Monate später
das niederländische Dachau-Komitee das *ZDF* beschwor,
eine „Festgala" zum 90. Geburtstag von Johannes Heesters
am 5.12.93 nicht zu senden, da Heesters 1941 im KZ
Dachau zur Freude des Wachpersonals aufgetreten war,
weshalb eine Ausstrahlung der Sendung derzeit „ein
falsches Signal" sei, ließ Stolte die Niederländer belehren,
daß „rechtsradikalen Tendenzen in Europa eher Vorschub
geleistet werde, wenn man den Forderungen des Komitees
entspräche".

Zur selben Zeit, am 19.11.1993, schickte der Intendant
dieses hausinterne Schreiben an leitende Redakteure und
Direktoren seiner Anstalt:

DER INTENDANT   *Mainz, den 19.11.1993*

Herrn Programmdirektor
Herrn Chefredakteur
Herrn Direktor für Europäische Angelegenheiten
Herrn Koordinator 3sat
HA ABD
nachrichtlich: Herrn Verwaltungsdirektor

Herrn Ministerpräsidenten a.D.
Prof.Dr.Dr.h.c. Hans Filbinger

Liebe Kollegen,

in kurzer Zeit ist es jetzt zum zweiten Mal zu einer sachlich unzutreffenden Berichterstattung über den ehemaligen Ministerpräsidenten von Baden-Württemberg Herrn Prof.Dr. Filbinger im Programm des ZDF gekommen. So ist u.a. die Behauptung falsch, Filbinger habe „noch nach Kriegsende Matrosen zum Tode verurteilt". Unzutreffend ist auch die Darstellung, Filbinger habe „den Matrosen Walter Kröger zum Tode verurteilt". In Wirklichkeit war er in diesem Fall nicht als Richter tätig. Mindestens mißverständlich ist es schließlich, daß Filbinger im Rechtsstreit seinem Kontrahenten Hochhut unterlag. Das Gericht hatte in der Auseinandersetzung Filbingers mit dem Schriftsteller Hochhut und dem Zeitverlag diesen zugleich untersagt, die Behauptung zu wiederholen, Filbinger „sei auf freiem Fuße nur Dank des Schweigens derer, die ihn kannten".

Ich bitte um Verständnis, wenn ich Sie auf Grund der beiden Vorfälle nachdrücklich bitten muß, in geeigneter Weise sicherzustellen, daß künftig eine korrekte Darstellung der historischen Vorgänge um Herrn Filbinger gewährleistet ist. Zugleich bitte ich anzuordnen, daß sämtliche in Frage kommenden Datenbanken und Dateien auf die sachliche Richtigkeit der über Herrn Filbinger gespeicherten Informationen überprüft und unter dem Namen von Herrn Filbinger einen ausdrücklichen Vermerk erhalten, wonach künftig nur solche Fakten über Herrn Filbinger verbreitet werden dürfen, die durch geeignete Dokumente einwandfrei belegt sind.

Mit freundlichen Grüßen
Prof. Dr.h.c. Dieter Stolte

Diese Hausmitteilung kann nicht als Ermahnung zu etwaiger größerer journalistischer Sorgfalt aufgefaßt werden. Zwar ist tatsächlich unzutreffend, daß Filbinger „den Matrosen Walter Kröger zum Tode verurteilt" hätte, richtig ist vielmehr, daß Filbinger als Vertreter der Anklage am 16.1.1945 die Todesstrafe für den Matrosen Walter *Gröger* forderte – und sie im März 1945 dann vollstrecken ließ. Dies unterschlägt Stolte allerdings geflissentlich, ebenso wie die Tatsache, daß „Herr Ministerpräsident a.D. Prof.Dr.Dr.h.c. Filbinger" (Stolte) noch drei Wochen nach Kriegsende, am 29.5.1945, in britischer Kriegsgefangenschaft den 24jährigen Gefreiten Petzold mit Nazi-Gesetzen verfolgte und wg. „Gesinnungsverfall" und „Zersetzung der Manneszucht" zu sechs Monaten Freiheitsstrafe verurteilte, weil dieser angetrunken „Ihr Nazihunde!" geschrien und sich die Hoheitszeichen von der Uniform gerissen hatte.

All das läßt Stolte unerwähnt bzw. fordert eben nicht „nachdrücklich, in geeigneter Weise sicherzustellen", daß in „sämtlichen in Frage kommenden Datenbanken und Dateien" mit „ausdrücklichem Vermerk" genau darauf hingewiesen wird, obwohl es doch „durch geeignete Dokumente einwandfrei belegt" ist. Beinahe ist es lustig, daß ausgerechnet Dieter Stolte, Intendant des ausschließlich zum Zwecke der Regierungspropaganda gegründeten

ZDF, ein *Wiedergänger* ist; aber das Verfahren, die Vergangenheit immer da durch weiße Stellen zu ersetzen und zu retuschieren, wo sie der Gegenwart, d.h. den gegenwärtig herrschenden Kräften, nicht kompatibel ist, heißt nun einmal *stalinistisch.*

Daß Geschichte von Siegern geschrieben wird, ist nicht neu, und daß nur der, der die Geschichte schreibt, dann auch siegt, keine dialektische Dölmerei, sondern der Grund, warum der sog. ‚Historikerstreit' geführt wurde und wird: Wer die Vergangenheit besitzt bzw. ihre offizielle Interpretation diktiert, bestimmt die Gegenwart und greift nach der Zukunft.

Was Ernst Nolte in der *FAZ,* Rainer Zitelmann in der *Welt* und beide im Verein mit ihren Klippschülern in der offen rechtsradikalen *Jungen Freiheit* anzettelten, hat Dieter Stolte auf TV-Niveau im *ZDF* besorgt: Alte Nazis, natürlich „Nationalkonservative" genannt, rehabilitiert als Instrument zur Ermächtigung neuer. Wer sich hingegen weigert, seinen Verstand gegen Fahne und Vaterland einzutauschen, darf sich als Volksfeind geehrt fühlen; der derzeit gültige Terminus ist „antideutscher Rassist".

Wie ich einmal Bundespräsident wurde

Am 17. Juni 1993 machte Kollege Mathias Wedel im *Neuen Deutschland* einen konstruktiven Vorschlag zur Lösung der Präsidentenfrage: Er, Mathias Wedel, und ich sollten nach dem Motto „Es ist ein dreckiger Job, aber zwei müssen ihn machen" die Bürde des Menschen auf uns nehmen, und das, dem guten Beispiel unserer *Schlachtenbummler*-Kolumne folgend, wöchentlich alternierend; gerade letzteres ist klug und weise, beugt Betriebsblindheit vor und leistet der sprichwörtlichen Verblödung im Amt Vorschub.

Groß war meine Freude, und *spontan* sagte ich zu: Die Wahl zur halben Präsidentenportion ist angenommen! Bei Frau Noelle-Neumann gaben Wedel und ich eine Blitzumfrage in Auftrag, die auch prompt das Gewünschte ergab: „Suupergut" lägen wir im Rennen, hieß es, und wenige Tage später wurde der Trend zum Duumvirat von *Focus*, dem Magazin für Chefredakteure mit mehr als zwei Kinnen, voll bestätigt: Tausende von Leserzuschriften gaben uns Ermutigung und Kraft, „Macht et, Jongens, macht et", schrieb uns z.B. Gerd Koester aus Köln. Danke!

Ich hatte viel Zeit an diesem 17. Juni, denn für mich war Feiertag, während am 3. Oktober gearbeitet wird. So wurde mir klar, daß uns zum Sieg etwas ganz Entscheidendes fehlte: die falsche Bescheidenheit, mit der gerade Ostdeutsche glänzen, diese ganz besonders perfide, scheinbar abwehrende Form der Eitelkeit: Nein, ich will ja gar nicht dreimal täglich in die Talkshow, aber man drängt mich halt so, hach, was soll ich denn machen, Volk und Nation rufen mich doch, da kann und darf ich doch gar nicht nein sagen;

aber wenn es nach mir ginge, dann wäre ich am liebsten nichts als ein kleiner Landpfarrer fernab der großen Entscheidungen ..., usw. Ja, so geht das, so macht man das, und Kollege Wedel und ich begriffen: Alles, was unsere Kandidatur noch retten konnte, war ein *Workshop* in Wittenberg: Schorlemmern für Anfänger.

Also nichts wie hin in das Kaff, in dem schon Luther seine Gebißprothesen ans Kirchenportal nagelte, ins geistige Zentrum des deutschen Protestantismus und der bibelfesten Sozialdemokratie. „Willkommen, Brüder", begrüßt uns Friedrich Schorlemmer und senkt dabei die Stimme ins Honorig-Sonore, wie das sonst nur Petra Schwarz kann, die Quotenostfrau beim *Sender Freies Berlin*, die dort Wolfgang Thierses Lebensmotto, *mit verstellter Stimme sprechen*, in die Tat umsetzt, aber das nur nebenbei, denn „Willkommen, Brüder", rumpelt es uns in den Ohren, und Schorlemmer breitet die Arme aus, uns zu empfangen.

Als er mich in den Armen hält, spüre ich, wie die Schale aus Menschenverachtung und eiskaltem Zynismus von mir abfällt und wie ich beginne, ein neuer Mensch zu werden. Auch Kollege Wedel steht wie unter Dampf, gemeinsam taumeln wir in die karge Hütte des Pastors, und wenn wir nur eine Stunde durchhalten, dann werden auch wir über die Ausstrahlung einer Flasche *Fachinger* verfügen, die hierzulande als Seriosität gilt; tja, Herzog und Jens Heiminsreich, eine Stunde Workshop bei Schorle, und Ihr könnt Eure Kandidatur vergessen!

Wir beginnen mit leichten Sensibilisierungsübungen, schmieden Taschenmesser zu Nasenringen und singen dabei leise und blümerant „Wihir wohollen wihie dahas

30

Wahasser sein, dahas weichehe Wahahasseher brihihicht dehen Steiiin ...", und schon bald brechen auch wir, aber nur das Knäckebrot. Als Aufstrich bestellt Schorlemmer bei seinem Hausdiener „einmal Moral süß-sauer", und als der das Gewünschte flink hereinbringt, erfahre ich auf diese Weise, was aus dem von der *Jungen Union* zum Linksradikalismus konvertierten Oliver Tolmein wurde. Hurra – es gibt doch noch gerechte Schicksale!

Versunken in Selbstkasteiung sitzen wir, als plötzlich ein Trupp Uniformierter das Haus stürmt. „Talkshow-Termin für Schorlemmer!" brüllt der Anführer; „Nein", gibt der Pfarrer mit eherner, fester Stimme zurück, und dann schleppen sie ihn mit vorgehaltener Knarre in den wartenden Hubschrauber, der ihn zu Margarethe Schreinemakers bringen wird, wo es gilt, über die Liebe zwischen Menschen und Tieren zu diskutieren.

Tief beeindruckt verließ ich die Schorlemmersche Behausung, und sogleich setzte ich das frisch Erlernte um: Bundespräsident bin ich dann doch alleine geworden. Tschüß, Kollege Wedel – ich konnte Dir die schwere Bürde einfach nicht zumuten – aus menschenfreundlichen Erwägungen, versteht sich. Innerlich widerstrebend nur gab ich mich dafür her; ich habe die edelmütigsten Ellbogen der Welt.

Der Schokoladenonkel bei der Arbeit
Eine Opferrolle vorwärts

Kreuzberg ist kein Käsekiez, den Käse fraß die Kiezmiliz, singe ich vor mich hin, als ich durch den vielgerühmten und vielgescholtenen Berliner Bezirk stapfe, der aber in erster Linie heruntergekommen bis *stino* ist, wie sich Leute ausdrücken, die damit bekunden wollen, daß *sie* auf keinen Fall *stinknormal* seien und es u.a. deswegen natürlich sind. Nein, kein Käsekiez ist Kreuzberg (meine Bekannte Frau Wagner sagt tatsächlich jedesmal *Crossmountain*); mein Versuch, ein Stück *Greyerzer* zu erwerben, das den Höhepunkt seiner Existenz dergestalt erreichen soll, daß es als Zutat in Gisela Güzels *Quiche Lorraine* endet, schlug fehl, denn dem Kreuzberger wird nur Mampfpampf à la *Aldi* oder *Penny* gegönnt, *Dönab*, wie meine Mutter sagt, und *Schultheiß*-Dosenbrühe, und es gilt ja auch beim sich selbst als *politisch korrekt* definierenden Teil der Insassen dieses Stadtteils als zumindest bürgerlich, wenn nicht reaktionär bzw. sogar *faschistisch*, sich lecker und nahrhaft zu ernähren, was mich allerdings nicht davon abhält, es zu tun, ohne daß mein Verstand daran Schaden nähme; wer mich einmal gesehen hat, wird gern glauben, daß ich es durchaus schätze, Erfreulichkeiten in fester wie flüssiger Form meine Kehle hinabzujagen.

So schlüre ich also, zwar ohne Käse, aber ansonsten bepackt wie ein Vertriebener, durch den Görlitzer Park, als mich plötzlich ein kleines Mädchen von vielleicht vier Jahren fragt: „Gibst du mir eine Mark für Eis?" – „Nein", sage ich, denn man soll bettelnden Kindern niemals Geld geben. „Aber vielleicht eine Mark für Schokolade?" hakt

die Kleine nach und setzt ein schwer kokettes Lächeln auf.
„Wie früh die das lernen", denke ich und antworte: „Nein.
Aber ein Stück Schokolade kannst du haben", bleibe stehen und wühle in meinem mit Frosch, Schildkröte, Regen-
bogen und Herzchen bunt bedruckten *Schützt unsere
Umwelt*-Leinenbeutel – was erwachsene Menschen alles
mit sich machen lassen! – nach der eben gekauften Schokolade, *Zabaione-Knusper-Käfer aus weißer Chocolade*, die
ich Gisela Güzel mitbringen will aus Gründen der
Verehrung. (Wer Blumen- oder Pralinengeschenke für ein-
fallslos, spießig oder *bourgeois* hält, weiß nichts, aber auch
gar nichts von Frauen, jedenfalls nichts von aufregenden.)

Endlich finde ich die Schokolade, reiße die Cellophan-
packung auf und biete dem kleinen Mädchen einen der
weißen Käfer an – „Kann ich alle?" – „Nein, nur einen." –,
da blitzt es mir siedend durchs Hirn: „Ach du Scheiße! Jetzt
bist du dran. Jetzt haben sie dich. Das gefundene Fressen
für die – schreckliches Wort – Kiez-Camarilla, die durch
die Gegend streift, aufgepeitscht und gierig, auf der Suche
nach *Tätern*, gerne auch *Väter als Täter*, oha, jetzt bist du
reif, sie liegen im Gebüsch, die ganze Gegend rund um den
Görlitzer Park ist vermint mit einschlägigen Plakaten und
Graffiti, die Situation ist absolut eindeutig, ich bin der
Mann (!), der einem kleinen (!!) Mädchen (!!!) im Park
(!!!!) Schokolade (!!!!!) gibt, einen Schokoladenkäfer
(!!!!!!!) sogar, oh Gott, Dürrenmatt, „Das Versprechen" und
„Es geschah am hellichten Tag", das Grittli, die Igel, Heinz
Rühmann, Gert Fröbe, und jetzt ich, ich weiß schon, was
sie schreiben werden in der Schweinepresse von *Bild* bis
Emma: ‚Der Michael Jackson vom Görlitzer Park'.

Apropos *Emma*: Ob deren Redakteurin Cornelia Filter

33

das ganze eingefädelt hat, ex-Bielefelderin wie ich, Spitzname *Körnchen*, zuzutrauen ist es ihr, alternativer Investigativjournalismus, vielleicht noch die eigene Tochter als Lockvogel in den Park schicken, vorher drei Tage lang den Betteltext auswendig lernen lassen, und wenn sie nicht will, gibt's Liebesentzug und keinen Nachtisch. Paranoia, was heißt hier Paranoia, jedenfalls noch lange nicht, daß sie *nicht* hinter einem her wären, und dann, endlich, pflückt das Mädchen den Schokokäfer, und ich stürze davon auf meinen schnellen Schuhen, Eis im Genick.

Knapp bin ich entkommen, der Park war leer, die Mädels anderweitig unterwegs, Andrew Vachss lesen, Kindern im Vorschulalter beibiegen, wie man richtig mit *anatomischen Puppen* spielt, was *sexualisiertes Verhalten* ist, oder wie man sonst sein Langeweilerleben als Erzieherin aufpept.

„Junge, du hast doch nicht etwa Angst vor Frauen?" spricht eine vertraute Stimme, kein Wunder, es ist ja meine eigene, „Ach, I wo", gebe ich zurück, „bloß die Schabracken, die im Leben immer nur eins sein wollen, nämlich *Opfer*, und das natürlich im warmen Mief der Gruppe, und die diese superkonservative Attitüde als schwer fortschrittlich juchheißen und jedem, der, wie z.B. Katharina Rutschky, die Benutzung des menschlichen Kopfes in die Debatte zurücktragen möchte, mit Angebervokabular wie *Backlash* das Leben sauer machen, ja, diese Geschosse des Grauens, die sind allerdings zum Fürchten, die stinken und die sollen alle nach Hause gehen."

An dieser Stelle endete meine innere Halluzination und Suada, denn ich mußte mein Mikrophonköfferchen in die Rechte nehmen und zur Probe gehen. Meine Band heißt

The Schänders, und unser Lieblingsstück ist *The Kids are allright*.

P.S.: Wenige Tage später durchquere ich abermals den Görlitzer Park. Vier Schulkinder mit Fahrrädern und Tornistern spielen auf dem Rasen. „Kuck mal, wir spielen ficken", rufen sie mir zu. Ich kucke – ach was, glatt gelogen: Die halten bloß Händchen. „Komm her, wir wollen mit dir bumsen", krähen jetzt zwei zu mir herüber. „Da träumt ihr doch nur von", rufe ich zurück, winke und gehe meiner Wege, denn ich weiß, daß das eine Falle ist: Zweimal in sechs Tagen, das ist kein Zufall, nichts da, *Körnchen*, du kriegst mich nicht, und meine Schokolade schenke ich Frau Güzel oder esse sie selber.

Tierschutz tut not

„Milch ist Raubmord! Kuhmilch ist für Kälber!" lautet eine Parole der *Veganen Offensive,* die im übrigen der Ansicht ist, daß jeder, der „Mensch, Tier oder Fötus" verletze, „keine Rechte mehr" in Anspruch nehmen, sondern vielmehr „bestraft" werden dürfe. Die veganen KameradInnen, denen die angenehm undeutsche Marlene Dietrich nichts als eine „Pelzschlampe" ist, graut es aber nicht nur vor dem Aufessen von Bruder Bulle und Schwester Schaf; auch das Verwenden ihrer Häute ist nicht gut und wird entsprechend angeprangert. Was aber tragen Vegane? Baströckchen? Gummistiefel? Pelerinen? Man weiß es nicht.

35

Bekannt ist dagegen, daß die Solidarität mit der Fauna schnurstracks in „autonome Tierrechtscafés" und Aufkleber mit der Anklage „Tierversuche: Ruhmsucht — Folter — Profit" einmündet, wobei mir die Sache mit der „Ruhmsucht" am besten gefällt; man sieht die Tierversucher schon strahlend und kadaverschwenkend vor TV-Kameras treten.

Seit einiger Zeit, und das ist kein Wunder, ist bei den fundamentalistischen Tierfreunden auch der liebe Gott mit von der Partie, und zwar in Gestalt des Pfarrerehepaars Christa und Michael Blanke, das im oberhessischen Glauberg sog. „Tiergottesdienste" durchführt und dabei, umgeben von Hundkatzemaus, selbstgemachte Lieder singt: „Plattgewalzter Igel / im Labor der Beagle / ausgestopfter Panther / jeder ist mein Verwandter", während Kleinkinder kreischen: „Sag's den Eltern ins Gesicht / meine Freunde eß ich nicht!"

So begeistert vom guten Willen dieser Menschen bin ich, daß ich gleich mittun und meinerseits ein paar Verse stiften will: Uhus, Störche, Wiedehöpfe / kommen mir nicht in die Töpfe / Spinnen, Kakerlaken, Zecken / sollen niemandem mehr schmecken / Tintenfisch und Mantarochen / sollst Du ehren und nicht kochen! / Orang-Utans und Primaten / darfst Du streicheln, niemals braten! / Siehst Du eine Taube trudeln: / Laß sie leben. Komm! Iß Nudeln!

Neulich, am Bratwurst-Telefon
oder: Dameln in Hameln
Eine Geschichte vons Land

Spätestens seit Hannes Wader in den 70er Jahren darüber sang, ist allgemein bekannt, daß die Stadt Hameln an der Weser „die Rattenfängerstadt" ist. Davon kann man sich auch heute noch jeden Sonntagmittag überzeugen, wenn als touristische Top-Attraktion das sog. „Rattenfängerspiel" aufgeboten wird und Hameln, zumindest was das Aufkommen an japanischen Hobbyfotografen angeht, beinahe mit Heidelberg gleichziehen kann, wo Japaner ja schon lange und täglich unter dem Motto zusammenkommen: Wir knipsen uns geschieden / Wir knipsen uns verliebt / Wir knipsen uns, damit wir sehen / Daß es uns wirklich gibt.

Den Propagandisten Hamelns aber genügt das längst

nicht. Ihre Stadt soll mehr sein, nämlich lt. Eigenwerbung „die Perle im Weserbergland". Das aber ist leider gar nicht wahr; zumindest in dem ca. 20 Kilometer von Hameln entfernt gelegenen Weserbergdorf, in dem ich meine Sommer verbringe, geht es wesentlich perlender, ja perliger zu. Kein christliches Glockengeläute beleidigt den Geist, kein Priester schwingt den nassen Besen. Wozu auch sollte man sich einen pfäffischen Seelsorger halten, wenn der lokale Kneipenwirt als Beichtvater und Geschichtenerzähler etwas taugt?

Und so liegt hier statt Jesusbimmelei u.a. eine Gabelweihe (im Volksmund: Roter Milan) in der Luft und kreist, die Maus im Sinn, überm Feld; Fledermäuse fledern ledern, Igel huschen Patrouille und das Glühwürmchen glüht: güt! Einmal stand ich sogar Aug' in Auge mit einem jungen, gutgewachsenen Rehbock, der allerdings davonsprang, obwohl ich ihn herausfordernd anrief: „Los, komm her und senk die Hörner – Auch ich bin ein Böckchen! Ich bin ein Böckchen! Na gut: ein Doppelböckchen!"

Ob es auch so perlt in der großen Stadt Hameln? Immerhin wird dort Journalismus gemacht, bei der ,Deister- und Weserzeitung', kurz ,Dewezet'. Ihr Chefredakteur Hermann A. Griesser, der von Schlips, Kragen und Silberschopf eingerahmte Kopf des Blattes, schreibt nahezu täglich einen Leitartikel über, große Überraschung: die PDS, die man hier doch in erfreuliches und gerechtes Vergessen getaucht glaubte. Griesser, der so, wie er schreibt, noch nie einen leibhaftigen Funktionär der Trotzköpfchenpartei gesehen haben kann, fabuliert Herrliches: Von „Extremisten" ist die schöne Rede, von „Verrätern" und „Umstürzlern", die „unser System abschaffen" und

38

„durch eine Diktatur ersetzen" wollten. Ach, wenn das wahr wäre – man könnte glatt wählen gehen.

Wie bei allen Zeitungen aber ist auch bei der ‚Dewezet‘ der Anzeigenteil weitaus prickelnder als das, was lobbyistische Chefredakteure so dahermeinen; in der ‚Deister- und Weserzeitung‘ inseriert z.B. regelmäßig eine ‚Fleischerei Dutschke‘: „An Ihrem Urlaubsort etwas ‚Heimisches.‘ Hausmacherdosenwurst, 11 verschiedene Sorten, und Hausmachermettwurst mit Rattenfängermotiv"; „Das könnt Ihr allen Leuten erzählen: Dutschkes Knabberstangen (aus magerem Fleisch) dürfen auf keiner Feier fehlen"; „Wir erkennen unsere Schweine am Gang ... Denn wir kaufen nur von heimischen Landwirten unseres Vertrauens", und, Krönung wie Gipfel der Fleischereifachgeschäftswerbung: „Das Bratwurst-Telefon, das Sie kennen sollten ... (0 51 51) 2 22 28".

Selbstverständlich rief ich, getrieben von der wundervollen Vorstellung, meinem Wissensspeicher buchstäblich *alles* über Bratwürste einverleiben zu können, sofort an. Ha! Niemand würde ab nun auf dem Gebiet der Bratwurstforschung mit mir, dem zukünftigen König aller Bratwurst-Ins, Bratwurst-Workshops und Bratwurst-Parties, konkurrieren können. In Talkshows und auf dem *Heißen Stuhl* würde ich sitzen und kundig alle Feinde der Bratwurst demaskieren! Heho, Salonlöwen von Biller bis Sombart: Euch hab ich im Sack! – so ausgelassen etwa ging es zu zwischen meinen Ohren, als ich zum Telefon eilte.

Das Freizeichen erklang. Ich wählte. Es tutete. Am anderen Ende der Leitung nahm jemand ab. „Ist dort das Bratwurst-Telefon?" keuchte ich hastig in die Muschel. Ich hörte joviales, selbstgefällig plätscherndes Gelächter.

39

Dann sagte eine sonore Stimme: „Hier spricht Hermann A. Griesser, Chefredakteur der Dewezet. Und außerdem bin ich der geniale Erfinder des PDS-Telefons." Die Stimme schwoll haßerfüllt an. „Von mir erfahren Sie alles über diese Verbrecher! Und auch, wie man mit denen fertig wird: Immer rauf auf den Grill, ordentlich Feuer drunter, und wenn sie durch sind, einfach aufessen!" riet mir die vor glückseliger Vorfreude jetzt fast überschnappende Stimme; ich hängte ein und überließ den Einzelkämpfer gegen das Schloßgespenst des Kommunismus sich selbst.

Moment – hatte ich mich vielleicht verwählt? Ich probierte es erneut. „... aufschlitzen ... in siedendes Öl werfen ... rösten ... kochen ... braten ..." quoll es hitzig aus der Leitung; ich gab endgültig auf.

Niemals werde ich einen zweiten Frühling erleben und als umjubelter Bratwurst-Experte nach Berlin zurückkehren. Sowas kann einen Mann ganz schön fertigmachen. Und wer ist schuld? Wer ist mein Feind? Hermann A. Gysi? Gregor Griesser? Wer hilft?

Vollmond
Ein ziemlich weiblicher Zyklus und eine ziemlich
runde Sache

Es ist Sonntag, und die Süße blutet – so, wie Frauen das
von Zeit zu Zeit eben tun. Das ist nicht tragisch, aber unangenehm schmerzhaft und von der Evolution auch ungerecht und hartherzig organisiert, die Last des Gebären-
könnens – und eben auch Blutenmüssens – so einseitig
allein auf die Schultern der weiblichen Sorte Mensch zu
türmen. Andererseits markiert das Bluten ja auch ein erfreuliches, weil erleichterndes Ende, das Ende der Schwan-
gerschaftsangst nämlich, und das Ende des *prämenstruel-
len Syndroms* – kurz *PMS* – nämlich, jenes wilden Schwan-
kens und Schlingerns des sog. *Hormonhaushalts*, das von
den davon attackierten Frauen je nach Temperament und
Charakter in Form von Übellaunigkeit, Depressivität,
Heulerigkeit u.ä. wenig Schönem an Umwelt und Mit-
menschheit weitergegeben wird, und das sich derart allgemeiner Unbeliebtheit erfreut, daß wohl niemand den schon
legendären Worten der jungen Kollegin Claudia Rohrer wi-
dersprechen wird: „PMS, verpiß dich, niemand vermißt
dich!"

Harte Worte, gewiß. Und doch inspirierten sie mich zu
einem zarten Gedicht, dem *PMS-Liedchen*:

Kürzlich, im kleinen Café am Dom
Saß ich still und trank ein Helles.
Und heimlich, ganz leise, von hinten, näherte sich ein
    Syndrom.
Ich sagte: „Oh, hallo, Syndrom – bist du vielleicht ein

prämenstruelles?"
„Ja", quengelte es. Es jaulte. Es wimmerte:
„Hier tut es weh, dort zwickt es und zwackt mich auch da!"
Was dumm von ihm war, weil es seine Stimmung
    verschlimmerte –
Das Gerede von Alles ganz schlimm, Du liebst mich nicht
    mehr!, der Fin de siècle-Trara.
Doch als ich dem Syndrom das Meutern verbot
War im Café am Dom wieder alles im Lot.

Jedenfalls ist Sonntag und die Süße blutet, Tampons sind
alle und alle Drogerien geschlossen, und so stratze ich zur
nächstgelegenen Tankstelle, um Linderung in Form ge-
preßter Watte herbeizuschaffen. An der Tanke ist nur eine
und mir bis dato auch nur vage und entfernt bekannte Sorte
erhältlich: *Tampax.* „Hmmh – die sind aber lang", denke
ich auf dem Rückweg, doch bevor sich absurde, ja abstru-
se Vorstellungen von der weiblichen Anatomie in mir ein-
nisten können wie ein befruchtetes Ei in einer – mörderi-
sches Wort – *Gebärmutter*, bevor ich vielleicht sogar noch
„Muttermund, du gehst so sti-hi-lle" anzustimmen mich
vergaloppiere, werde ich aufgeklärt: *Tampax*-Tampons sei-
en mit einer langen Papphülse versehen, weil die sehr praktisch sei, vor allem auf Reisen, wo man sich ja manchmal
nicht die Hände waschen könne, beispielsweise „dort unten im Süden". Und außerdem gebe es Frauen, die sich „da
unten", also nicht im Sinne von „im Süden" jetzt, sondern
mehr untenrum gemeint, nicht gerne selbst berührten. –
Ende der Lektion, vielen Dank.
    Nachts tue ich kein Auge zu. Ich kann mir das einfach
nicht vorstellen: Daß es Frauen gibt, denen eine Berührung

ihrer Möse mit einer Pappröhre sympathischer ist als eine mit der eigenen Hand. Hin und her und her und hin mich wälzend, werde ich in jener Nacht, sehr frei nach der gründelnden, bedeutungs- und schönhubernden Heine-Phrase „Denk ich an Deutschland in der Nacht, so bin ich um den Schlaf gebracht", zum Grübler, ja zum schweren Brüter. Denn wenn ich „da unten" – also nicht im Sinne von „im Süden", sondern untenrum jetzt wieder – so etwas Nettes, Sympathisches und Angenehmes hätte – die *Vagina Dentata* ist doch eher eine Zwangsvorstellung von Angstbeißern bzw. in diesem Fall von Angstgebissenen –, dann könnte ich mich gleich arbeitslos melden, würde ich doch, Keimfreiheits- und Hygienewahn hü oder hott, den ganzen langen Tag nichts anderes tun, als mich genau da anzufassen.

Aber ich bin ja auch keine Frau.

P.S.: Nachdem ich diesen Text in der Volksbühne am Rosa Luxemburg-Platz vorgetragen hatte, bekam ich einige Tage später von der dort tätigen Dramaturgieassistentin Annika Krumpp ein schönes Mitbringsel geschenkt: Eine Schachtel *imuna (Die moderne Frauenhygiene)* aus dem VEB Vliestextilien Lösnitztal, Inhalt acht Stck. Tampons, die stark und unangenehm an Nähgarnrollen gemahnen und die sogar, die Kollegin Anna Langhoff beschwört es, *kratzen.* (Ich kann das nicht verifizieren, erkläre aber hiermit prophylaktisch-solidarisch resp. *volle Kanne soli*: Brrr!)

Nun ist es derzeit äußerst *en vogue*, zumal im Osten des Landes und zumal beim Ostalgie- bzw. Allergie-Verein PDS, DDR-Produkte zu lobpreisen, sie quasi identitätsstiftend retrospektiv zu verbrämen und zu verherrlichen – wo

es doch vielmehr darauf ankäme sicherzustellen, daß es sie überhaupt gibt, und zwar nicht als Accessoires, sondern als ernsthafte materielle Konkurrenz. Aber dieselbe prahlerisch-stumpfe Geisteshaltung, mit der traurige Folgen unterlassener Fruchtabtreibungen in *Lacoste-, Boss-* oder *Diesel Only The Brave Diesel*-Klamotten durch die Bundesrepublik trotteln und trotteln, derselbe Unfug, sich das eigene trübe Konsumentendasein als *Identität, Selbstverwirklichung* o.ä. Schwindel zurechtzuzimmern und schönzulügen, der in der DDR direktemang in den Honeckerschen Cordhütchensozialismus einmündete, ausgerechnet der topföde Ich-bin-stolz-ein-ostdeutscher-Verbraucher-zu-sein-Kram, gebärdet sich als Rebellen-, ja Partisanentum; junge Ostdeutsche ballen die Fäuste und rufen im Chor: „An meinen Zigaretten sollt Ihr mich erkennen!"

So rührend der Versuch auch ist, nachzuweisen, daß die DDR eben doch der bessere, überlegenere usw. deutsche Staat gewesen sei – merke: Verlierer sind bessere Menschen, damit dürfen sie sich als sog. *beautiful loosers* dann dafür trösten, daß sie die Verlierer sein müssen –, so tollkühn ist es, diesen Beweis nun auch noch mit Hilfe von *imuna* u.ä. Scheußlichkeiten führen zu wollen – zumal ich mich exakt an den November 1989 erinnere, als ich in unmittelbarer Nähe des Grenzübergangs Oberbaumbrücke zu leben verurteilt war, mich, weil jeder Laden ostdeutsch überschwemmt war, wochenlang ausschließlich aus einem türkischen Imbiß mit dem bescheidenen Namen *Kulinarische Delikatessen* ernähren konnte und mir wirklich *jede* Freundin erzählte, wie lästig die Wiedervereinigung doch sei; bis nach Charlottenburg oder Spandau müsse man fahren, um Tampons zu bekommen, denn die Ostfrauen würden geradezu hamsterartig sämtliche Tamponvorräte wegkaufen – wobei die Verbindung von Tampons und Hamsterkauf aber eine so schönklingende ist, daß ich den Kolleginnen und Kollegen von der zoologischen Fraktion hiermit die Begriffe *Tamponhamster* und *Hamstertampon* schenken und verehren möchte.

P.P.S.:
PMS und PDS
Ich strafe Euch mit Desinteress'
(Und daß Euch bald der Teufel freß ...)

Sind so treue Hände

Als Carsten Rohwedder, den sie *Old Treuhand* nannten, erschossen wurde, da beeilte sich jeder Ostdeutsche, ganz schnell – wenn auch lächelnd – zu versichern: Übrigens – *ich* war's nicht. Der Verein, der Matthias Deutschmann zu der Frage „Können Hände treu sein?" inspirierte, war von Beginn an als Knute und Kuratelinstrument verhaßt, und Rohwedders Nachfolgerin Brigit Breuel, deren Qualifikation für den Job als Generalgouvernante zu einem Gutteil in ihrer dragonerhaften, ja pitbullartigen Abstrahlung liegt, profitiert bloß von dem sexistischen, aber schönen Kodex, daß man Frauen, und seien sie noch so scheußlich, nichts tut.

Nach Bischofferode, ins 1993er Zorn-Zentrum bzw. Zorn-*Center*, wollte Frau Breuel trotzdem nicht fahren; es hätte wohl auch nur Vorwürfe gegeben. So blieb sie zuhause und schickte den Streikenden zur Strafe die *Puhdys*. Nein, das stimmt leider gar nicht; die Band, die so klingt, wie Kartoffelbrei mit Spinat im Krankenhaus schmeckt, verbrach ihr amusikalisches Gerumpel auf ausdrücklichen Wunsch der Kumpel: *Solidarität ist eine Waffe* (und natürlich auch *die Zärtlichkeit der Völker*, um hier keinen Schwallhans Küchenmeister-Unfug auszulassen). Ins Reich der Fabel hätte auch die Parole *Bischofferode ist überall* gehört; dieser Platz ist seit den 70er Jahren fest für *Gorleben* reserviert, und noch 50 Jahre früher war Herr Ringelnatz dran: „Überall ist Wunderland, überall ist Leben, bei meiner Tante im Strumpfenband, wie irgendwo daneben."

Aber man kann nicht meckern: Wenn das gemeine Volk

sich gegen allzu große Drangsal wehrt, sieht das nun mal nicht wie im Kino aus.

Von katholischen Kleinbürgern, die zu 80% deutschnational wählen und sich später wundern und beschweren, wenn sie auch genau das bekommen, konnte niemand eine Revolte aus dem intellektuellen Bilderbuch erwarten. Dennoch mochte man das Gezeter über *Unmenschlichkeit, Skrupellosigkeit, Grausamkeit* usw. dieses Staates nicht hören, das Gejabbel, daß *die da oben über Leichen gehen*: Natürlich tun sie das, denn das ist die hiesige Geschäftsgrundlage.

Der Streik von Bischofferode war, ohne die Sache madig machen zu wollen, ein Streik für einen Kapitalismus mit halbwegs menschlichem Antlitz. Wenn Leute dafür kämpfen müssen, extrem schlecht bezahlte Dreckarbeit tun zu dürfen, ist das nichts, was mich freuen kann; gut an dem Streik war aber, daß eine Regierung, die mit einer Mischung aus Unfähigkeit, Korruptheit, Dreistigkeit, Deutschtümelei und Militarismus auf ein nach innen wie nach außen hochgradig aggressives Großdeutschland zuwurschtelt, von ihrer ureigenen Klientel punktuell ein bißchen ins Schwitzen gebracht wurde.

Wäre aber bei dem reichlich pathetisch anmutenden Hungerstreik – der ja eigentlich das legitime Kampfmittel Inhaftierter ist – jemand zu Tode gekommen, wie hätte es durchs Land trompetet: *Der Profit zählt mehr als ein Menschenleben!* – Wer das vom Hinsehen nicht weiß, muß es eben auf die harte Tour lernen oder im Sud von Glaube und Hoffnung weiterölen.

Die Leute von Bischofferode haben den Kampf um die nackte Existenz immerhin geführt; das ist besser als nichts.

Sie haben ihn aber nur deswegen überhaupt aufgenommen, weil sie so naiv – oder so dumm – waren zu glauben, sie könnten ihn gewinnen, indem sie moralischen – statt materiellen – Druck erzeugten. Daraus konnte nichts werden, und das wußte die Armada der kritischen Knallköpfe, die sich in Bischofferode einklinkte, ganz genau: Man mußte den Leuten etwas versprechen, sonst hätten sie nicht gekämpft, denn so klar im Kopf, daß sie's um ihrer selbst willen und um des Spaßes daran getan hätten, waren sie ja nicht. Beim Indietaschelügen vorneweg war, logisch, die PDS, der die Interessen der Leute genauso gleichgültig sind wie jeder anderen Partei im Land, die sich aber, um ein paar Pfründe zu behalten, ethisch gebärdet. Besonders gut kann das ihr *Ehrenvorsitzender* Hans Modrow. Der geübte Wahlfälscher, ich habe es selbst staunend gesehen und gehört, tritt in weinerlich-anklagender Pose vor Menschen, gibt, in weizsäckerndem Tone tremolierend „Ich war der Hoffnungsträger" von sich und wird – und das ist das wahrhaft jesusmäßige Wunder – für diese Zirkusnummer nicht einmal ausgelacht.

Wie sagt es Bruder Finn so richtig: Hoffen und harren hält alle zum Narren.

Glaubt an die PDS!

Kaum auf den Tisch gestellt, war es schon verschimmelt: das *Superwahljahr*, 1994. Wer diese Zerovokabel, die verschwistert ist mit Worten wie z.B. *Erneuerung, Runder Tisch, Querdenker* oder *Aufschwung Ost*, überhaupt verwendete, qualifizierte sich damit schön kenntlich für eine Tätigkeit als Leitartikler, Wahlkampfleiter, Kabarettist bzw. alles drei. Klammer auf: Tätigkeit ist das Gegenteil von Arbeit. Klammer zu.

Wen außer denen, die es nährt, interessiert das mittlerweile mindestens fünfte *Schicksalsjahr der Deutschen* in direkter Folge? Wen als die Gewiefteren unter den Nazis – gerne *National-* bzw. auch nur *Wertkonservative* genannt –, die wissen, daß *Demokratie* und *Rechtsstaat* im Zweifelsfall wenigstens für eins tauglich und nütze sind, nämlich dazu, sie, die Nazis, an die Macht zu bringen, und zwar ganz legal.

In dem begrifflichen Brei, der seit Jahren mit Politik verwechselt bzw. für sie ausgegeben wird, in dem allgemein dahergemenschelten Klabaster von *Werten* und *Identität* bzw. natürlich *Werte-* und *Identitätsverlust*, von *Volk* und *Vaterland* und Stolz mit Soße, ist untergegangen, was Politik eigentlich bedeutet: Interessenvertretung. Das aber klingt popelig und anrüchig, das ist desavouiert und gehört sich irgendwie auch nicht, daß ein Politiker simpel seine Arbeit tut und die Interessen derer wahrnimmt, die ihn zu diesem – und zu keinem anderen – Zweck gewählt haben. Der humanistisch gesonnene Politiker heutigen Schnittmusters findet das unfein und kein lohnendes Ziel; er möchte nicht Politiker sein, sondern mehr, jemand ganz anderer, Deutscher wie alle, ganz einfach und doch besonders, ein guter Mensch, klar, *glaubwürdig*, was sonst, und über künstlerische Interessen und sog. *LebensArt* verfügt er selbstredend auch; er hat sich, stellvertretend für seine Wähler und ihnen zu Ansporn und Ehre, aufgeschwungen zu einem besseren Leben, und geht es ihm gut, so hat auch das Stimmvieh ideellen Anteil daran und wird durch ihn, in ihm, hochgezogen, zum Lichte empor.

Stefan Heym, der bei der Bundestagswahl 1994 für die PDS kandidiert, hat erklärt, er könne eigentlich auch ebensogut für die SPD antreten; klar, da gibt es auch schöne Stellen im Programm und nette Leute, und der Kulturbegriff ist sowieso derselbe: Laubenpieper- und Liedermacherei. Wo alles wurscht ist, beginnt die Freiheit des Denkens. Und die *Freiheit des Andersdenkenden* besteht darin, daß alle durcheinanderschnattern und dabei alle rechtbehalten dürfen, immer vorausgesetzt, sie sagen nicht die Wahrheit. Denn die ist teilbar wie der Mantel von Sankt Martin: Jeder kriegt ein Stück ab, und alle haben ein gutes Gefühl. Ist das nicht schön? Und rechtschaffen christlich gedacht, weshalb es auch nicht genügt, die PDS nur zu *wählen*: Man muß auch an sie glauben! Ganz fest! Und wenn dann, „einmal“, wie Zarah Leander brummte, „ein Wunder geschehn“ sein wird, dann dieses: Die PDS ist eine *politische* Partei geworden! Yippieh! Zur Zeit sieht man einen Verein für Geld und gute Worte mit starkem Hang zu *Vodka Gorbatschow*, eine Bürgerbewegung, aus der die oben zitierte Frau Luxemburg, lebte sie heute, wegen klaren Kopfes und klarer Sprache längst ausgeschlossen worden wäre, gesetzt den Fall, sie wäre dem lahmen Zock überhaupt beigetreten.

50

Die PDS aber reklamiert Rosa Luxemburg mit ebenso donnernder Selbstgewißheit für sich wie einst die SED, mit der die PDS zu ihrem großen Kummer von ihren Feinden – im PDS-Jargon: „politischen Gegnern" – immer noch identifiziert wird. „Kommunisten!" tönt es da, „Verfassungsfeinde!" und „Verbieten!", und da sind die Reform- bzw. Reformhaussozialisten ehrlich geknickt und empört. Ihre patriotische Ehre lassen sie sich nicht abschneiden (oder sogar „abschnöden", wie es F.J. Raddatz einst, doch unvergessen, in der *Zeit* formulierte). Will man ihnen ans Leder, stehen die PDS-Frontleute brav stramm und bei Fuß und bitten, beweisen zu dürfen, wie gut sie alles immer gemeint haben und daß sie es auch nicht wieder tun, och, bötte, bötte, wir sind auch gaanz liehieb ... Man muß kein Duckmich sein, um bei der PDS etwas zu werden; es hilft aber. Insofern – wie auch im Sinne so seltener Überraschungen – wäre eine Fusion der PDS mit der FDP naheliegend und wünschenswert; gemeinsam packen sie ja evtl. sogar die – auch so ein herrliches Wort – *Fünf-Prozent-Hürde*! Mit Parolen wie „Wir sind die kleinsten aller Übel / Steuertricks und Rechenfibel / Gekreuzt mit Bürgerrecht und Bibel / Werft uns die Stimmen in den Kübel!" sieht man sie schreiten Seit an Seit. Und in Sachsen singt man wieder: „Brie, Brieder, Brie, Brieder zur Sonne, Brie ..."

Es kann allerdings – s.o. – auch noch ein Mirakel eintreten. Und im Fall der PDS muß man einfach glauben, daß Beten hilft.

„Nie wieder zynisch leben"
Ein Workshop von und mit Christoph Dieckmann

Der chinesische Ministerpräsident Li Peng besuchte im Juli 1994 Deutschland. Er wurde nicht mit Schimpf, Schande und unter Steinwürfen nach Hause gejagt; als ihn in Weimar ein stellvertretender Dichter und Denker über Goethe und die Menschenrechte belehren wollte, parierte Li Peng dies keineswegs mit einem hingelächelten „Minscherächte? – Asche lecke!", sondern gab auch noch ungestraft die kühle und souveräne Antwort, er habe Goethe durchaus gelesen und jetzt nur sehen wollen, wo und wie dieser gelebt habe.

Das hat Christoph Dieckmann, der ostdeutschen Edelfeder von der *Zeit*, nicht gepaßt. Er vermißte ostentative Empörung und quengelndes Fußaufstampfen auch in den Reihen offizieller Vertreter dieses Landes und die anschließende Abschiebung des Deliquenten Peng.

„Die Zeit der Keuschheit ist vorbei. Man schüttelt wieder Hände mit den Schlächtern von Tiananmen", monierte er am 15.7.94 in der *Zeit*; „wer wären wir denn, daß wir China zu belehren hätten – ausgerechnet wir?" wischte er zwingende Einwände dagegen vom Tisch, daß die Deutschen, die historisch außer richten und henken wenig vorzuweisen haben, sich einen Heiligenschein umbinden, mit dem sie als verfolgende Unschuld dann auf andere losgehen. „China ist einfach anders", trug Dieckmann die Ironie fingerdick auf, „das Porzellan, die Schrift, die Seidenraupen, die freiere Einstellung zur Todesstrafe – wie können wir da überhaupt mitreden?"

Und dann erzählte Christoph Dieckmann ein Heldenmärchen: „Wir können. Wir saßen im Juni 1989 in der übervollen Ostberliner Samariterkirche. Wir sangen und beteten, halb für die Studenten in Peking, halb gegen unsere eigne Angst, denn draußen kreisten die Wagen der Polizei, parkten die Mannschaftstransporter, belferte die Stimme: Gehen Sie UNVERZÜGLICH auseinander! – Man merkt sich gut, was man empfand vor den Mündungen von Maschinenpistolen." Und fuhr in der ihm eigenen gedrechselten Schnarchsprache fort: „Gern hören wir auch künftighin die Bonner Predigt vom Unrechtsstaate DDR. Gern sehen wir jene Hände, die Li Pengs Rechte geschüttelt, an den Straßenschildern kommunistischer Märtyrer schrauben. Gern schrieben wir anders. Eins wollten wir 1989 nie wieder: zynisch leben."

„Nie wieder: zynisch leben": In dröhnender Einfalt kommt es daher, das Begehren nach Einklang, Einigkeit und Einheit mit Gott und Volk und Vaterland, die Sehnsucht nach einer widerspruchs- und damit auch humorfreien Welt; das allein ist schon schaurig genug. Wofür aber Christoph Dieckmann in der Kirche sang und betete, war noch anderes: die Aussicht, im Deutschland Helmut Kohls mitmachen zu können, die Hoffnung, sich, wie er's nennen würde, zu eignem Nutz und Frommen an der Umverteilung gesellschaftlichen Reichtums von unten nach oben und an der damit einhergehenden galoppierenden Brutalisierung der Verhältnisse beteiligen zu dürfen. Dieckmann trieb, wie viele damals, die Vorfreude auf ein schönes Auskommen als Kollaborateur und der Wunsch, Teil eines Deutschlands zu sein, das es dreckigen kleinen Chinesen wie Li Peng und anderen Untermenschen endlich wieder so richtig besorgen würde.

Der Wunsch des theatralischen Rauners Dieckmann ist, das mußte er beim Staatsbesuch Pengs verbittert feststellen, noch nicht ganz in Erfüllung gegangen; was ihm Verdruß macht, ist die erfreuliche Tatsache, daß Politik nicht, wie in der sog. „DDR-Wendezeit", von Pfarrern und anderen Heulbojen gemacht wird, sondern von Figuren, die zwar auch nicht zu ertragen, aber wenigstens keine Apostel sind.

Ganz besonders unangenehm ist die vorgeschobene Naivität Dieckmanns: Daß das Ende der DDR nicht ornamental herbeigebetet und -gesungen wurde, sondern daß operative Aktionisten wie z.B. Markus Wolf unter der Flagge von *Glasnost* und *Perestroika* kräftig daran gefingert haben, weiß der damalige *Sonntag*-Journalist ganz genau. Heute legt er, zwecks Legendenbildung inclusive Selbstbeweihräucherung, die Hand aufs Herz: „Nie wieder: zynisch leben".

Der *Zeit*-Artikel des Alt-89ers Christoph Dieckmann belegte fünf Jahre *danach* noch einmal eindrucksvoll die kopfmäßige Verfassung, in der die DDR-Bürgerrechtsbewegung für Gott und Gorbatschow auf die Straßen lief: ein rigider Protestantismus und die Sehnsucht nach einem davon geprägten Muster- und Vorzeigeland, an dessen Wesen der Rest der Welt, China inbegriffen, dann endlich hätte genesen dürfen, und gegen das sogar das Deutschland der Kohl-Ära noch ein vergleichsweise humanes ist.

Aus dem religiösen Leben:
Christus kam nur bis Greiz

An Christi Himmelfahrt 1994 kam es in mehreren Städten der Republik zu Ausschreitungen und Tumulten. In Jena etwa hatten sich am Abend ca. 25.000 Bürgerrechtler und Liedermacher versammelt, um dem Aufstieg ihres Herrn beizuwohnen. Doch der kam nicht, steckte in Greiz fest, wo er schließlich in angetrunkenem Zustand in einem Bierlokal von der Polizei gestellt wurde. Bei dem Mann handelte es sich um den arbeitslosen Brauer Michael R. (33), der sich „mit Jesus-Darstellerei ab und an ein Zubrot" verdient. Gegenüber der Polizei erklärte R. salopp, „bei dem schönen Wetter einfach keinen Bock" gehabt zu haben. Die Jenaer aber murrten nicht schlecht und drohten mit „Ausreise" und „Revolution".

In Bielefeld andererseits demonstrierte eine Abordnung der *Grauen Panther* gegen Christi Himmelfahrt. Vor der Nikolaikirche versammelten sich mehrere hundert Rentner, schüttelten Krücken, zündeten Bruchbänder an und schwangen Transparente mit Aufschriften wie ‚Himmelfahrt packt Jesus nicht, denn ihn plagt wie uns die Gicht' oder ‚Wird dir nie mehr der Pimmel hart, bist du ein Fall für Himmelfahrt', um, wie eine Sprecherin betonte, gegen den „zunehmenden Gesundheitsterror auch und gerade der Kirchen" zu protestieren. Die vom Pfarrer herbeigerufene Polizei wurde in eine schwere Straßenschlacht verwickelt. Mehrere Beamte wurden zum Teil erheblich verletzt.

Auch nicht schlecht staunten die Mitglieder der ‚AG ChristInnen in der PDS', als sie ihr traditionelles Wettbeten veranstalten wollten: An der Berliner Gethsemaneh-Kirche

standen sie vor verschlossenen Türen. Auf Antrag der ‚Kommunistischen Plattform' hatte der Sektenbeauftragte der Stadt das Gotteshaus bis auf weiteres schließen lassen. Kenner der Partei schließen nicht aus, daß der „kleine Scherz" ein „Nachspiel" haben wird.

Neuigkeiten aus Ungarn

für Arpad Dobriban

Esther Forint
Wickelt ihr Kind
Bei Wetter und Wind
Weil Ungarn so sind

Giordano Bruno wollte 1.500 Mark
oder: Warum es doch einen Gott gibt

„Giordano Bruno wollte 1.500 Mark für eine Lesung", berichtet, verkniffenen Mundes und in Gedanken das Portemonnaie fest geschlossen haltend, mit empörtem Unterton und gänzlich ungebeten eine mir kaum bekannte Buchhändlerin, deren Verbissenheit in mir nicht den Wunsch auslöst, am Status Quo unserer bilateralen Beziehungen etwas zu ändern. „Giordano Bruno wollte 1.500 Mark für eine Lesung?" frage ich mich; das ist höchst erstaunlich: Als der kluge Mann im Jahre 1600 in Rom wegen sog. ‚Ketzerei' verbrannt wurde, war die DMark als Währung doch noch gar nicht eingeführt! Das Privileg, ihn heute, als Mumie quasi, lesen hören zu können, wäre mir viel mehr als 1.500 Mark wert. „Du meinst aber wahrscheinlich Ralph Giordano, oder?" frage ich vorsichtshalber die Frau, die nicht mit Büchern, sondern besser mit Seife und Socken handeln sollte. „Natürlich. Wen sonst?" möfft und blafft sie zurück, als hätte ich einen Fehler gemacht und nicht sie, und mir fällt die alte Regel wieder ein: Wenn die Leute nicht nur beschränkt sind, sondern auch noch unfreundlich, piesepömpelig und pampig, dann weißt du, daß du zu Hause bist, in Berlin, das deshalb auch Hauptstadt ist: Berlin ist laut und dumm und stinkt / Ist es ein Wunder, wenn man trinkt?

Langsam erlöschen meine Widerstandskräfte, wie von Ferne höre ich die Buchhändlerin schnattern, mein Geist schwebt davon und sehnt sich nach Trost und Gnade. „Gibt es neue Hirsekissen? / Das muß Wolfgang Thierse wissen", flüstert eine Stimme, lieblich ist sie und sonor. Sie gehört

58

Onkel Walter, dem Mann der Schwester des Mannes der Schwester meiner Mutter. Freundlich spricht die Stimme. „Gräme dich nicht", sagt sie, „es gibt einen Gott: mich", und ich glaube der Stimme jedes Wort und bin froh.

Es ist immer wieder die Zumutung Mitmensch, die uns den Tröstungen des Alkohols oder des Glaubens in die Arme treibt: Ja, es gibt einen Gott. Er heißt Onkel Walter, ist Mitte 50, weißhaarig, stämmig und unscheinbar, und der Gedanke an ihn gibt mir Frieden.

Lob des Bastelns

Als Mythos ‚Dagobert‘ war er das Objekt allgemeiner
Bewunderung, als simpler Arno Funke hat er vom selben
Publikum nichts Gutes zu erwarten. Dabei war es doch
Funke und nicht ‚Dagobert‘, der Kluges tat und für
exzellente Unterhaltung sorgte.
Eine Sympathiekundgebung

Als 1991 ein Dutzend ehemaliger RAF-Leute, das sich in
der DDR hatte verstecken dürfen, verhaftet wurde, war das
Hohngelächter groß. Journalisten, die im Leben nichts riskiert hatten als ein Jahreslos bei der Klassenlotterie und die
nichtsdestotrotz ein paar Jahre lang heimlich mit der RAF
sympathisiert hatten, ergingen sich in Schmähungen über
die „Revolutionsspießer“, die ein normales Leben in der
DDR dem Knast oder dem Tod vorgezogen hatten. Gemessen wurden die RAFler nicht mehr an dem, was sie einmal getan hatten, sondern nur noch am Standard ihrer
Autos und Wohnungen und am Chic ihrer Garderobe.

Dem Kaufhauserpresser Arno Funke blüht Ähnliches.
Als Phantom ‚Dagobert‘ bot er die ideale Projektions-
fläche, die jeder nach seinem eigenen Gusto ausmalen
konnte; die romantische Sehnsucht, ganz allein den über-
mächtigen Gegner auszutricksen, befriedigte ‚Dagobert‘
perfekt. Seit aber der Populärmythos zur Wirklichkeit geworden ist, sieht es so aus, als sei ‚Dagobert‘ zu Arno
Funke geschrumpft. „Och“, maulen Leute, die sich um
ihre Vorstellung geprellt und betrogen fühlen, „der sieht ja
ganz normal aus, gar nicht wie Robin Hood oder Zorro, und
dann lebt der auch noch in Tempelhof, also ausgerechnet
in Tempelhof, nein, und dieser Schnäuzer, wie peinlich“,

und die Frauenfraktion kann auch gleich loskreischen: „Der hatte 'ne Frau aus Thailand! Dieser Lustmolch! Sittenstrolch! Iiieeh, wie fiiiiees!"

Alle sind sie enttäuscht, daß der Täter nicht der ist, den sie in ihm sehen wollten, daß er nicht so ist, wie sie selbst gerne wären oder wenigstens einmal gewesen wären, und sei es nur im Traum. Dabei ist es gerade umgekehrt: ‚Dagobert' mag zwar Donaldisten erfreut, Rockbands inspiriert und Feuilletonschreiber angeregt haben; dennoch kann einem das Phantom herzlich egal sein. Arno Funkes Taten aber sind zu loben. Er erpreßte Leute, die das verschmerzen konnten, und er bereicherte dieses stumpfe Land um etwas, das hier nur äußerst selten zu haben ist: intelligente Unterhaltung. Rohlinge, Übelmänner und Brutalos gibt es im Übermaß; freundliche kleine Tüftler aber sind rar. Still und ganz für sich werkelte Arno Funke in seiner Laube. „Ach, meiner bastelt gern", sagt die Frau zur Nachbarin, das Idyll scheint perfekt, man bosselt und schraubt an der Werkbank, wird allenfalls milde belächelt, und dann hat man – ätsch ätsch – ein Doppelleben. Ha!

Arno Funkes Lore zum Geldtransport soll man besingen, nicht die Loreley. Daraus aber kann nichts werden, denn wenn in Deutschland einer nur arbeitsloser Kunstmaler ist und dennoch ernstgenommen werden will, dann muß er schon Größeres im Schilde führen; unter dem GröFaZ ist da nichts zu machen. Die Deutschen mögen sich selber nicht leiden und deshalb auch nicht ihresgleichen; bewundern können sie nur devot von unten nach oben, immer nur einen, der sie anschreit und tritt.

Beim Abwickeln von ‚Dagobert' bzw. Arno Funke war, wen wundert's, Maxim Biller vorneweg. Was will er, der

Biller, fragte man sich genervt; ach so, das übliche, sich wichtig machen: ‚Dagobert', so behauptete Biller in *Tempo* 4/94, schreibe „spießiges Beamtendeutsch" und sage „Bitte" und „Danke" usw. – ja, das sind noch Vorwürfe, das sitzt, davon erholt sich der Mann nicht mehr. Die Krönung der Billerschen Zwangsoriginalität waren Witze über ‚Dagoberts' Aussehen. Voll daneben ist auch vorbei: Biller kannte ja bloß das Phantombild, über das die *BZ* witzelte: „Ähnlichkeit? Na ja ...", und dessen Gebrauchswert die *FAZ* so einstufte: „... als hätte man Christian Klar mit einem Bild von Peter Härtling gesucht."

Statt oberschlaue, neunmalkluge sog. *Essays* zu fabrizieren, um den freundlichen Erpresser Funke zu demontieren, soll man ihn lieber zum Ehrenmitglied der *Hobbythek* machen; möge er andere, die gerne tüfteln und basteln (bzw. „tüftölln und bastölln", wie die bezaubernde Gisela Güzel das ganz reizend nennt), zu ähnlichen Taten ermuntern. Mein Nachbar Heinz zum Beispiel, der bohren und schrauben kann wie kein zweiter, gibt mir Anlaß zu den schönsten Hoffnungen.

Die Korri-Mörder

Die Einführung der neuen Postleitzahlen am 1. Juli 1993
war ein weiterer Schritt zur ohnehin schon weit
gediehenen Analphabetisierung des Landes.
Freudlosigkeit, Mißmut, Hysterie, Raserei und am Ende
Krieg sind die Folgen

Wer nicht weiß, was das Wort *Korri* in der Überschrift bedeutet, es aber gerne wüßte, der soll es hier und jetzt erfahren: Eine *Korri* ist eine spezielle, nämlich eine täglich und besonders liebevoll geführte Korrespondenz, eine Art Brieffreundschaft *de Luxe*, zarte Bande in Zeiten, in denen Menschen die von ihnen angeblich geliebten Personen als *Lebensabschnittspartner* zu bezeichnen pflegen. Und wer wie ich in festen *Korri*-Verhältnissen lebt, der muß beunruhigt sein über die immer weitgreifenderen Bemühungen der Bundespost, das sicherlich altmodische, aber eben auch unvergleichliche *Kommunikationsmittel* Brief resp. Postkarte abzuschaffen aus dem schäbigen Grund, daß sich daran nichts verdienen läßt.

Nein, dies ist keine gängige, billige Post-Beschimpfung; im Gegenteil ist ja der Postgedanke einer der schönsten überhaupt: Überall im Land sitzen Menschen an Tischen und schreiben einander interessante Gedanken und Begebenheiten, grüßen freundlich, tüten das Geschriebene ein, frankieren es, bringen es zum Briefkasten und – wusch! – wird das Poststück expediert und erreicht schon bald den Empfänger. Dauert der Transport mal einen Tag länger, ist das nicht tragisch; werden die Portogebühren erhöht, muß nicht gleich das Geschrei angehen im Land, und das Gezetere über die *Milliardenverluste* der Bundespost

soll bitte auch aufhören, sie ist schließlich ein Dienstleistungsunternehmen und soll entsprechend Dienste leisten, die der vielzitierte *Steuerzahler* dann freudig beanspruchen und ebenso freudig bezahlen soll, und zu allen Angestellten der Post möchte er bitte ausgesucht höflich sein.

So sollte es sein, so könnte es sein. Und doch: „Die Verhältnisse, sie sind nicht so." (Bertold Marx) Da sich mit dem sympathischen Postaustragen kein Reibach machen läßt, soll es aus der Welt verschwinden (und so eine Welt wäre dann nicht mehr allzu lebenswert). Nein, nicht der oder dem Süßen soll man mehr schreiben, sondern sich BTX-Programme anschaffen und Faxgeräte kaufen und telefonieren, bis die Leitungen rauchen. Hier kann die Post kassieren: Personalaufwand gleich Null, und immer schön die Hände aufgehalten. Aber wieso, höre ich es jetzt vielstimmig tönen und tuten, was hast Du denn gegen faxen und telefonieren und btxen? Ich aber antworte kühl: Jeder kennt und achtet das Briefgeheimnis, aber hat man je von einem BTX-, einem Telefon- oder einem Faxgeheimnis gehört? Als ich z.B. 1990/91 in Frankfurt/Main zu leben bzw. im Satire-*Shop Titanic* dahinzudämmern gezwungen war, unterhielt ich eine Faxfreundschaft; kein Tag verging, ohne daß nicht die sog. *Kollegen* die für mich bestimmten Botschaften aus dem Faxgerät rissen und die oft sehr privaten Mitteilungen laut und hämisch verlasen, aus Neid natürlich, weil sie selbst nie so etwas Schönes bekamen; manchmal war die Faxfreundin, die ich hier einmal Claudia Denker-Rein nennen möchte, auch „too drunk to fax" (Jello Biafra), ohne das selbst zu merken, und unidentifizierbares Krikelkrakel erreichte mich. Beim Briefeschreiben passiert dergleichen so gut wie nie, weil der evtl. in nächtlicher Trunkenheit abgefaßte Schrieb nicht hopp hopp, schnell schnell in ein Faxgerät hineingestopft, sondern am nächsten Tag nochmals gelesen und, falls nötig, eben neu geschrieben wird; „Fax meinen Kumpel nicht an!" ist deshalb auch die Maxime aller klugen Menschen.

Was das Telefonieren angeht, so ist es eine Pest: Menschen greifen automatistisch zum Hörer und belästigen ihre Umwelt mit der Unklarheit in ihrer Rübe; während man sich für einen Brief kopfmäßig sammeln muß, kann man in einen Telefonhörer stundenlang völlig geistfrei hineinschwatzen, und so ist es meist ja auch. (Selbst die von mir ansonsten immer heftiger und leidenschaftlicher verehrte Gisela Güzel könnte sich an manchen Tagen als Plapperschlange bzw. als Quasselstripperin bewerben, so weit ist es gekommen.)

In diese Situation, in der die Freunde der *Korri* also ohnehin mit dem Rücken zur Wand standen, platzte das Manöver *Neue Postleitzahlen*. Und wie man die, die es auszuführen hatten, kannte, wußte man: Sie würden es nicht gebacken kriegen. Postboten, Briefträger, Zusteller – sie alle warfen schon bald nach dem 1. Juli 1993 die Flinte ins Korn und die Post in den Müll. Müde lehnten sie an Hauswänden, an denen sie dann langsam und erschöpft herabrutschten, um auf dem Trottoir zu verenden, weil sie ihrer Aufgabe nicht länger gewachsen waren. Frustration schwappte über das Land, ein zäher Firnis aus Haß legte sich auf die Postkundschaft, und millionenfach mußte Dr. Klaus Zumwinkel, jener Vorstandsvorsitzende der Deutschen Bundespost, der aus dem Vorwort des Postleitzahlenbuches herauslugt, diesen berechtigten Aufschrei vernehmen: „Dr. Klaus Zumwinkel, Du stinkst! Ich will Dich nicht kennen! Geh aus meinem Leben!" Chaos herrschte und Anarchie, und da der deutsche Mensch unfähig ist, das auszuhalten, schlug er um sich und vergiftete die Welt mit seiner Bösartigkeit. Post*leih*zahlen erfand er und vermietete sie gegen monströse Gebühren. *Den Führer* hört man wieder den Äther versuchen, und schon morgen dröhnt es aus dem *Volksempfänger:*

„Polnische Provokateure haben sich deutsche Postleihzahlen geliehen und bis heute morgen fünf Uhr nicht zurückgebracht! Das Ultimatum ist abgelaufen. Es wird geschossen!"

Und dann ist Krieg, und alle sind betroffen. So wird es sein, ich weiß es doch: Wer uns die *Korri* raubt, wird uns am Ende auch das Leben kosten, aus Gier und *aus Daffke* und Stümperei. – Wehret den Anfängern!

„Das machen die Kollegen alle!"
Der Prozeß gegen den Berliner Busfahrer Jürgen P.

für Gisela Friedrichsen

Für die *taz* ist er „eine Bestie in Menschengestalt", und die *BZ* fordert „härteste Bestrafung": In Moabit steht der BVG-Busfahrer Jürgen P. wegen „fortgesetzter Sadismen im Dienst" vor Gericht. Bei ein paar Gläsern Bier erzählt er seine Geschichte:

„Mein Vater im KZ umgekommen", sagt Jürgen P. Gespenstischerweise lächelt er dabei. „Ist besoffen vom Wachturm gefallen, der Alte, hahaha. Aber Spaß beiseite: Aufseher ist er gewesen, mein Vater. Wir hatten immer genug zu essen."

Später habe er Soldat werden wollen, erzählt Jürgen P., aber als Weißer Jahrgang sei das schwierig gewesen, und außerdem fand er die Bundeswehr „von Anfang an zu lasch". 55 ist er heute, massig, fast bullig. Unser Treffen macht ihn sichtlich nervös; er raucht schon die vierte *Lord Ultra* in zwanzig Minuten. Nach dem Mauerbau ist Jürgen P. dann nach Berlin gegangen. „Da hab ich gleich gemerkt: Hier bist du richtig, hier ist was los, Frontstadt, nicht dieses Wischi-Waschi." Einen Beruf hat er nicht erlernt, „aber damals war das noch leicht, 'nen Job bei der BVG zu kriegen, da hab ich denn Fahrer gemacht."

Und genau das wirft man ihm heute vor: Jürgen P. soll Fahrgäste beschimpft, angepöbelt, drangsaliert und gequält haben, vorzugsweise Schulkinder, Rentner und Ortsfremde. „Berufsverbot ist das", erregt sich Jürgen P.; die Oberlippe unter dem dichten Schnäuzer zittert. „Ich bin doch kein Extremist. Mauerschütze hätt' ich werden sollen, dann ging's mir gut. So sieht's doch aus! Aber wenn du ganz normal bist, Frau, zwei Kinder, alles proper und in Ordnung, dann kannste hier vor die Hunde gehen. Apropos: Ich hab noch keinem Hund was getan! Ich liebe Tiere!"

Ganz klar: Jürgen P. dürstet es nach Gerechtigkeit. An ihm, so sieht er die Sache, soll ein Exempel statuiert werden, stellvertretend für viele seiner Kollegen, die wie er Tugenden wie Ordnung, Ruhe und Sauberkeit verkörpern. Doch dazu wollen sie schweren Vorwürfe gegen ihn nicht recht passen. „Verbirgt sich hinter der Maske des Biedermanns etwa ein Brandstifter?" sorgte sich bereits der *Tagesspiegel*. Als Jürgen P. nach einer guten Stunde und drei „Mollen", wie er die Biere nennt, etwas aufgetaut ist, nimmt er zu konkreten Vorwürfen Stellung: „Naja, ist schon lustig, wenn du im Rückspiegel die I-Männchen laufen siehst, die kleinen Dötzen mit den schweren Tornistern, wenn die so angejapst kommen und den Bus noch kriegen müssen nach Hause, da fährt man dann etwas langsamer, und läßt sie rankommen, so bis auf Türhöhe, tja, und dann gibt man Gas, hähä. Aber das ist ganz normal, das machen die Kollegen alle – bis auf die Weicheier jedenfalls."

Nach dreißig Jahren Berufserfahrung, fährt Jürgen P. nicht ohne Stolz fort, habe man das schon drauf, den Bus so an die Haltestelle zu bugsieren, daß jeder Einsteigende sich direkt an einem mit Imbißbudenmüll überquellenden Abfallbehälter vorbeiquetschen müsse: „Hehehe, sieht knorke aus, wenn die sich dann den Ketchup auf die Mäntel schmieren", schmunzelt Jürgen P. versonnen; nein, Humorlosigkeit läßt er sich nicht nachsagen – er ist

68

Gemütsmensch. Und deshalb manchmal natürlich auch sauer. „Dann steigen die einfach hinten ein, zeigen ihre Karte nicht vor, und wenn man sie nach vorne zitiert, ist es immer dasselbe: Die sind nicht von hier. Typisch. Hierherkommen, nach Berlin, und denn nicht wissen, was gespielt wird. Darauf können wir gerne verzichten. Die brauchen Berlin nicht, und vor allem braucht Berlin die nicht. Und sowas tritt jetzt vor Gericht als Zeuge gegen mich auf. Hergelaufenes Pack! Ich wohn hier dreißig Jahre, und mich fragt keiner."

Auch daß er gezielt Frauen mit Kinderwagen und im Gang stehende alte Leute durch unnötige Vollbremsungen zu Fall gebracht und verletzt habe, räumt Jürgen P. achselzuckend ein. So etwas komme schon mal vor, aber bei dem Streß, den er als Fahrer habe, solle man doch froh sein, daß es so glimpflich abgehe. „Ich sag Ihnen was", sagt Jürgen P.: „Ohne Leute wie mich wär' der Laden längst im Eimer. Da bräche hier alles zusammen. Da muß man schon mal durchgreifen bei diesem Gewimmel. Aber daß die" – gemeint sind seine Vorgesetzten bei der BVG – „mich jetzt fallenlassen wie ne heiße Kartoffel, das ist ne ganz üble Sache. Ne richtige Sauerei ist das. Ich bin doch bloß der Sündenbock. Das ist doch wie früher, 45: Ein paar an den Pranger, und der Rest verdünnisiert sich."

Zweieinhalb Stunden hat er am Ende geredet, aber zu dem zentralen Vorwurf – Jürgen P. soll eine Gruppe von vier Westfalen zu Tode berlinert haben – sagt der Angeklagte nichts. Beharrlich schweigt er sich aus und ist sich unerschütterlich sicher: Er, und niemand anderes, ist das Opfer.

Jürgen P. ist, wie viele in diesem Land, ein Monstrum

an Normalität. Ihn zu strafen – wenn er denn schuldig ist –, scheint sinnlos, da er den Zweck seiner Bestrafung nicht einmal zu erkennen vermöchte. Der als besonnen geltende Oberstaatsanwalt Fätkinhäuer hat dennoch die Höchststrafe – lebenslange Aberkennung der BVG-Uniform – beantragt. Der Prozeß wird kommende Woche fortgesetzt.

Musestunde mit Chatze

Zwar heißt es
Faschis*mus*
Rassis*mus*
und Sexis*mus,*
aber dann plötzlich:
Patriar*chat.*

Warum *mus*, nee: muß
alles
so furchtbar
kompliziert sein?

Oder heißt das so,
damit wir merken,
daß das Leben eben
verdammt *chat* ist?

Ich weiß auch nicht:
*Mus*ikus, *Mus*elman,
*Chat*astrophe, *Chat*amaran ...

Aah, ich chab's:
Mus-chat.

Ich bin ein toleranter Panther

Ich bin ein toleranter Panther:
Ich jage niemals mehr ein Reh.
Zwar war ich früher eleganter
Doch tat ich damit – wie ich lernte – meiner Umwelt weh.

Denn ich vernaschte Hasen, Bambis, manches schicke
    Schaf.
Warum auch nicht?: Es schmeckte lecker, mjamm!, und ich
    zog weiter fort.
Ich schleppte mehrmals täglich einen prallen Ranzen zum
    Verdauungsschlaf.
Und wenn der um war, ging es stante pede, heißa!, auf – zu
    neuem Mord.

Ja, damals, als geschmeidiger, gewandter
Und hemmungslos intoleranter Panther
Da war mein Lebensstil um einiges rasanter.
Denn ich soff Blut. Und nicht, wie heute, kalorienarme
    Fanta.

Doch bin ich damit ständig angeeckt
Als politisch nicht korrekt.

Das Pantherplenum tagte, und es war nicht freundlich
Zu mir, denn mein Verhalten, hieß es, sei höchst häschen-
    feindlich
Und reh- und schafverachtend ohnehin,
Monierte wütend – und auch traurig – eine junge Pantherin.

Ich wehrte mich, ich maulte – doch nicht lange.
Das Kollektiv der Panther nahm mich ziemlich in die
    Zange.
Am Ende tat ich, mehr, als ich es war, zerknirscht.
Seit jenem Abend bin ich nur noch heimlich und bei Nacht
    herumgepirscht.

Am Tage schiebe ich die Rehe, die im Rollstuhl sitzen,
Und sieche Kühe durch den Wald. Ich schreite ein bei
    Hasenwitzen.
Ich führe blinde Schafe über Straßen, gratis, ohne Lohn.
Und sonntagmorgens, in der Kirche, hört man meinen
    sanften Pantherbariton.

Ich arbeite als Therapeut. Ich bin jetzt ein bekannter
Und hochdotierter, vielgeachteter Drei-Sterne-Panther.
Den Schafen gelte ich als naher Blutsverwandter. –
Und sucht mich mal ein mir bekannter Panther auf und
    seufzt: Die Welt, die war auch schon charmanter,
Dann sag ich dem: Komm laß es, sträub dich nicht,
    gelobe:
Kein Panther mehr zu sein, sondern wie ich, ein Ehrenreh
    – auf Probe.

Der Sexist

I.

Der Sexist, er lauert
– Auch wenn er sich geschickt
Versteckt
Und sich zusammenkauert –
Doch tief, tief drin in mir.
Und – Gottlob! – vor allem: Tief in DIR!
Tja!
Ha!
Na, sieh doch selbst: Es hockt beim Bier —
DAS TIER!

II.

Und überhaupt
müssen
gerade wir Männer
bzw. auch gerade wir als Männer
alle
viel sensibler
und sensitiver
(also *sensi-tiefer* quasi)
in uns
h
i
n
e
i
n

h
o
r
c
h
e
n
.

Aber hallo!
Hallo —— hallo —— haallo —— Haaaaaallooooo —
(Oder, mit Pink Floyd gesprochen:
Hey, hey, hey, is there any sexist in there ...?)

III.

Wie? So viele gleich? Nicht so schieben! Immer schön
der Reihe nach! Es kommt doch jeder dran, ja, ja,
versprochen, wirklich jeder, also ist es denn zu
fassen, dieses Gedrängele und Gemengele ...

(Langsames Fade-Out)

„Fleisch! Fleisch! Balla! Balla!"
Am Kabarettisten-Stammtisch

Der Berliner Top-Kabarettist Martin Buchholz hat die
Angewohnheit, das, was er den Leuten vorträgt, als „Pro-
und Antigramme" zu bezeichnen; möglicherweise ent-
springt das einem falschverstandenen dialektischen Ma-
terialismus: Wo ein Programm ist, hat er sich gedacht, muß
folglich auch ein Antigramm sein. Hmmh: Klingt gar nicht
übel, ist aber leider Stuß. Und was bisher niemand ahnte:
Einmal im Monat lädt Buchholz drei ebenso hochkabaräti-
ge Kollegen zum Wortspielhöllen-Brainstorming ins Hinterzimmer des In-Lokals *Chez Bratwurst* ein. Beim letzten
Treffen waren Dietrich Kittner, Hanns Dieter Hüsch und
Hans Scheibner zu Gast. Hinter der Gardine versteckt pro-
tokollierten Wiglaf Droste und Gerhard Henschel heimlich
den Verlauf des Abends. Ein Auszug:

Buchholz (generös): Ihr dürft übrigens Bucho zu mir
sagen ...
Hüsch: Das tu ich nicht, das ist für mich ein rotes Tucho!
(Wickelt sein Harmonium aus.) Das habe ich zufällig da-
bei. *(Beginnt, wimmernde, bratkartoffelähnliche Töne zu
erzeugen.)*
Kittner (sich im Schritt kratzend, derb): Nix Kracho mit
Karacho! Das versteht das einfache Volko nicht.
Scheibner: Vollkorn?
Buchholz: Nicht Vollkasko – Bucho sollt ihr sagen!
Kittner: Jaaa! Deutschland balla, balla!
Hüsch (ruft nach der Kellnerin): Frollein! Für mich bitte
ein trockenes Kölsch und zwei Vollkorn! Hahahihi! Ich bin

ein Narr, ein Eulenspiegel gar!

Scheibner: Für mich dasselbe und ein paar Scheibner trocken Brot!

Kittner (sinnlos): Und dann hüsch-hüsch ins Körbchen!

Scheibner: BH-Körbchen, har, har!

Kellnerin (halblaut): Alte Sabbersäcke!

Buchholz: Ihr habt immer noch nicht Bucho zu mir gesagt!

Hüsch: Ach Alter, ich fühl mich sauwohl bei dir! Ich als Schalk brauch auch mal Alk. Und mit dir trink ich am liebsten, gerade hier in der Provinz.

Buchholz: Antivinz!

Scheibner: Der will uns doch nur unter den Hüsch trinken. Prostata!

Buchholz: Antistata!

Hüsch: Ich hab hier ein Klassebuch ...

Buchholz: Klassebucho heißt das ...

Hüsch: ... ein Klassebucho, okay, das heißt „Stop Mond 18" von Hadayatullah Hübsch. *(zu Buchholz):* Du kommst auch drin vor! Hör mal: „Immer dunstet es aus dir, Baby."

Kittner: Nicht eher dünstet?

Scheibner (zur Kellnerin): Brünstet, brünstet!

Kellnerin (serviert und schweigt)

Hüsch (lüstern): Dieser Körper, diese Anatomie!

Buchholz: Anna to me, Anna to you, aah ... Ich kann nämlich Fremdsprachen! Konnte Tucho aucho!

Scheibner: Mensch, dein Niveau ist doch noch niedriger als deine Einschaltquote, du Prolet!

Buchholz: Für dich immer noch Antilet, du Hanswurst!

Hüsch: Ein Hanswurst bin ich! Ein Possenreißer, ein Bajazzo, ein Schelm, ein Scherz- und Herzbold, ein Schwerenöter, ein Schäker und Flausenmacher, ein Dutzendsassa, ein kritischer Mitbürger, ein dummer August, ein lustiges Haus!

Kittner: Ihr habt's nötig! Noch nie wurde ein Kanzler so gezaust wie von mir, ihr Proforma-Protestler!

Buchholz (blindlings): Antiforma! Antitestler!

Hüsch: Ich will euch mal was sagen, ihr Grünschnäbel! Ich bin seit 1847 im Geschäft. Die ganz alte Kabarett-Schule. Zwischen allen Stühlen sitzen! Heiße Eisen anfassen! Kein Blatt vor den Mund nehmen! Den Finger in die Wunde legen! *(Er beginnt, Kittner in der Nase zu bohren.)*

Scheibner: Darf ich auch mal? Kabarett mit Zeigefinger?

Buchholz (aufbrausend): Ab jetzt red nur noch icho!

Hüsch: Wer schweigt, macht sich Mitscherlich! Die Unfähigkeit zu trauern, zu lauern, zu mauern ...

Buchholz: Kalte Bauern!

Kittner (näselnd): Nichts gegen den Arbeiter- und Bauernsalat, aber nimm jetzt endlich den Finger aus meiner Nase!

Hüsch: Pardon, Monsieur ...

Buchholz: Ja! Mach's ihm französisch! Wie damals Tucho!

Scheibner: Das ist Kindersex! Das petz ich Pro Familia!

Buchholz: Anti Familia! Anti Familia!

Kittner (beißt Hüsch in die Hand): Vorsicht, bissiger Mund!

Hüsch: Keine Gewalt!

Kittner: Docho!

Buchholz: Ja? Hier bei der Trauerarbeit!

Scheibner: Trauerarbeit macht Freya Barschel! Toller Witz! Tolle Frau!

Kittner (enthemmt): Wau wau! Fleisch! Fleisch! Gemüse! Gemüse!

Scheibner (zur Kellnerin): Junges Gemüse ... *(Er stirbt).*

Hüsch (nimmt Scheibners Handgelenk): Ich war immer am Puls der Zeit ... Aber der Hansi hier ist hinüber, ganz profan.

Buchholz: Antifan! Beim nächsten Mal lad ich halt den Thomas Freitag ein!

Kittner und Hüsch (im Duett): So wird's gemacht, Bucho, altes Freudenhaus!

Alle zusammen (singend): Im Kabarett, im Kabarett, / Da stirbt es sich besonders nett, / Und alle Pro- und Antignosen, / Die gehen voll mit Brot und Rosen / In uns're Schiesser-Unterhosen ...

(Die drei Überlebenden ziehen grölend ab.)

Kellnerin: O mein Gott, wie widerlich / Lieber wieder auf den Strich.

Es will wohl Abend werden
Ulrich Wickert und ‚Das Wetter'

Wer einmal näher, als ihm lieb sein kann, mit den Petermännern zu tun hatte, der kennt das Spielchen: Zum Verhör treten sie zu zweit an; der eine fährt die harte, der andere die nette Tour. Bei den *ARD-Tagesthemen* ist das nicht anders: Während Sabine Christiansen die Domina gibt und ihr immer schüchterner im Sessel zusammensackendes Publikum zusammenstaucht, ob es auch artig war und den ganzen Tag lang anständig deutsch empfunden hat, macht Ulrich Wickert auf dufte und gesellig.

Neben Sabine Christiansen sympathisch zu wirken, ist eine leichte Übung; zu leicht für Wickert. Er will und ist mehr: ein Menschenfreund, ein Lausbub auch, ein Mann mit Herzenswärme und Humor, ein Bistro-Philosoph. Die Nummer geht so:

Mit einem Lächeln, das den Deutschen das Wort ‚Nonchalance‘ in ihren aktiven Wortschatz zurückgebracht hat, äugt er aus dem Fernsehkasten heraus. Vorfreudig gespannt lugt er in die Wohnstuben hinein: Wo seid ihr, meinen lieben Opfer? Kaum, daß er sie erspäht hat, verjüngt sich sein Blick ins leicht Spermatöse, denn Millionen sind es, Abend für Abend, deren Dasein so trist ist, daß sie sich auf ihn gefreut haben. Und wenn dann alle da sind und versammelt, dann zeigt er seine Lachfältchen vor und zwinkert und zwinkert. Und zwinkert nochmal. Und dann erzählt Ulrich Wickert einen Witz. Bzw. versucht, einen Witz zu erzählen, eine kleine Begebenheit, eine Anekdote und Schnurre, die den Tag abrundet, die uns mit ihm und der Welt versöhnt. Und wenn er damit fertig ist, dann sagt er: „Das Wetter“.

Warum auch nicht? Es gibt Furchtbareres, und meiner Oma zum Beispiel gefällt es. Immer, wenn Ulrich Wickert *Tagesthemen*-Dienst hat, lädt sie mich ins bretonische Restaurant *Ty Breizh* in der Kantstraße ein. „Komm, geh'n wir zu meinem Franzosen, Uli kucken“, sagt sie dann; Oma ist ein bißchen rassistisch, denn sie wählt die Grünen. Mit gut hundert Gleichgesinnten sitzen wir vorm aufgespannten TV-Schirm. Jeder von uns trägt eine Baskenmütze, unter dem linken Arm ist ein Baguette eingeklemmt, man raucht sechs bis sieben gelbe *Gitanes* gleichzeitig, verzehrt ein Stück Brie und nippt am Roten, und wenn Ulrich

80

Wickerts Gesicht den Fernseher füllt, dann ruft alles im Chor: „Aaah, Üllrische, très chic, très charmant, c'est la vie, du pain, du beurre, du fromage, du vin, savoir vivre, oh la la ..." Das ist schön, wenigstens für Oma, und wenn ich sie leicht angenattert nach Hause schleppe, haut sie mir gutgelaunt ihre Krücke ins Kreuz und sagt: „Junge, so'n richtig netter Abend war das heute."

Nicht ganz so nett ist, daß Ulrich Wickert seine Vertellekes zum Tage nun auch noch zum Buch aufgepumpt hat. Mau geht es zu in seinem ‚Wetter'-Universum, und die Kehrseite der zwangskomischen Launigkeit, den im Hand-aufs-Herz-Ton vorgetragenen Griff ans Gewissen, hat er auch parat: „Wenn's kalt wird, dann erinnern sich die im Warmen an die Armen, die frieren. Aber man friert nicht nur, wenn es kalt ist." Sondern auch vor solcher Gemütelei.

Herausgebracht hat den kunstgewerblich aufgemotzten frommen Schwindel lustigerweise der Berliner *Transit*-Verlag, der im Kreuzberger *Mehringhof* beheimatet ist, einem notorischen Zeug- und Versammlungshaus spezifisch linksautonomer Dummheit: Wer linksradikal den Hals aufreißt, um sich später mit Wickert zu sanieren, gibt ein schönes Beispiel dafür, was eine Gesinnung von der Stange wert ist.

Wozu so ein Buch? Nicht einmal Oma kann ich es schenken. Denn ältere Frauen haben stärkeren Trost verdient als das Gesäusel von einem, der an anderer Stelle auch schon behauptete: „Und Gott schuf Paris".

Wer aber schuf Ulrich Wickert?

Humor haben: Was Helge Schneider
und Rainer Eppelmann vereint

Am Samstag, dem 12. März 1994 war es, da lag ich in einem Hotelzimmer in KUCHEN, jawohl, das Kaff in Württemberg unweit von Geislingen (das wiederum in der Nähe Stuttgarts liegt) heißt wahrhaft und tatsächlich KUCHEN, und dort lag ich in einem recht bescheidenen, sogar leicht schäbigen Hotelzimmer und fragte mich: Was hast Du in Kuchen zu suchen, und darauf gab es keine Antwort als diese: Du bist hier verratzt.

Wäre ich zehn Jahre älter und hätte einen Ententeich auf dem Hinterkopf, ich hätte die gute alte Air-Guitar genommen und den KUCHEN-BLUES angestimmt: „Ta-ta-da-da-dat, Ta-ta-ta, Ta-ta-da-da-dat, Ta-ta-ta, Yeah man, I woke up early in the Morning, and I got nothin' but the Blues, Yeah man, I'm stuck deep down here in Kuchen, and I got the Kuchen-Blues ..." usw., so ganz im Sinne der Lieblingsmusik von vordiewandgelaufenen und da stehengebliebenen mittleren weißen Männern, die sich nichtsdestotrotz für höllisch sensibel, wenn nicht sogar *sensirrbel* halten.

Da ich mir aber den Luxus gönne, mich von einem solchen Schicksal weiträumig umfahren zu lassen, tat ich nichts dergleichen, sondern stattdessen etwas, das ich mir auch nur alle zwei Jahre einmal gönne bzw. zumute: So richtig die Kante gab ich mir, pflegte den Masochismus der härteren Gangart, indem ich den Fernsehkasten einschaltete: „*Wetten daß* ..." mit Thomas Gottschalk. Und siehe, es gab und es gibt sie, die Telepathie per Television. Denn kaum war das Bild aufgeblüht und -gebläht, da zeigte es gleich einen Mann, der nicht nur den o.g. Ententeich auf der Glommse spazierenführt, sondern eine ganze Seenplatte, doch doch, da sind schon beide Knie voll durchgewachsen; und so stand es hinter der Mattscheibe, das Männchen, dem in jedem Lenin-Ähnlichkeits-Wettbewerb ein Spitzenplatz sicher ist: Rainer Eppelmann, der einst im Osten des Landes *Blues-Messen* inszenierte, zelebrierte und abfackelte, halbnackt am Altar der Gnade Gottes entgegenwankend, eine Art Sektenführer und Guru, bloß in der auch äußerlich bescheidenen Ost-Ausführung.

Hoiho! Wenn das kein Zeichen war für mich: Eppelmann, geh Du voran, komm stimm ihn an, den Blues-Koran, ach was, den Kuchen-Blues, jaaa, give it to me, suck it to me, aah!, aber das tat er nicht, sondern henkelte sich bloß einen Bauarbeiterhelm auf den polierten Kugelkopf, um sich dem Publikum mit einer sog. „Saalwette" als der Maurer, der er mal war, anzudienen, vielleicht sogar als Maurer der *Mauer in den Köpfen*, wer weiß das und wer will das wissen? Jedenfalls zwergelte Eppelmann ganz prima dort herum, als würdiger Nachfolger von Norbert „Ich bin einer von Euch!" Blüm.

Und folgte damit auch nur jener goldenen Regel, die da lautet: Humor haben in Deutschland heißt ALLES, ja ausnahmslos alles mitmachen, in jeden Sackgesichtes Sendung herumeiern, das mieseste Spiel noch brav, ja honigkuchenpferdchenartig grinsend mitspielen und den Peinlichkeitsbrei, in den man sich widerstandslos stoßen läßt, anschließend dankbar und schwanzwedelnd aufschlecken. Nicht, daß man mit einem wie Eppelmann Mitleid hätte, aber selbst bei diesem Schmierlapp, der in seinem Buch *Wendewege* die „Komm zurück zu mir!"-

Briefe an seine Ex-Frau, die „Liebe Evi!", veröffentlichte, will keine rechte Schadenfreude aufkommen, selbst bei so einem schämt man sich noch stellvertretend vorm Gerät.

Um wieviel größer erst das Entsetzen, als plötzlich der zumindest ehemalige Sympath Helge Schneider den Saal betritt, wie immer als Blödmann verkleidet, aber an diesem Abend auch unter der Maske niemand und nichts anderes als ein sein karnevalskompatibles „Katzenklo, Katzenklo" mümmelnder, das Publikum zum Mitsingen, -klatschen und -schunkeln animierender Hampelmann, der sich von, sagen wir, Mike Krüger nur noch durch Bärtchen und Körpergröße unterscheidet.

Und hatte doch einmal so ganz anders angefangen, etwas ganz Seltenes auf die Bühne gestellt: Die Poesie eines krumm und schief ins Leben gestellten Mannes, dessen Seele einen ziemlichen Knacks hat. Und doch unbestreitbar eben *Seele* war, ja, Helge Schneider hatte *Seele*, Aura, Fluidum, dumdideldum. „Aah, verstehe, *Soul* meinst du, *Brother*", höre ich irgendeinen Schafskopf jetzt wissend ächzen, denn Schafsköpfe reden so: *Soul* und *Brother*, und dann fantern sie von *Roots* und von *Wurzeln*, obwohl sie doch allenfalls einen an der Möhre haben.

Wundersame, schillernde, künstliche Perlen, ähnlich den Farbstoff-*Liebesperlen* in kleinen Plastikfläschchen, warf Helge Schneider vor sein Publikum. Und das besteht mittlerweile aus ganz und gar unverfälschten und vollrohr *authentischen*, echten Säuen. Türsteher möchte man aufstellen vor Konzertsälen, in denen Helge Schneider gastiert (bzw. jetzt grassiert), unbestechliche Burschen, die den Menschen ins Herz sehen können, und die jedermann, der glaubt, er brauche nur mit einem Zwanzigmarkschein zu wedeln und habe so schon ein *Anrecht* darauf erworben, sich schlecht zu benehmen, mit einem kühlen „Hose runter, Gesichtskontrolle" wieder nach Hause schicken. Oder besser gleich in eine noch zu errichtende Verbrecherkolonie, um die eine schöne, solide Mauer herumgezogen wird und in die man alles hineinstapelt, was Verbrecher für ein Verbrecherleben so brauchen: Bierdosen, Ghettoblaster, Baseballkappen, Schweinefleisch und natürlich jede Menge Automobile inclusive Sportfelgen, Breitreifen und Spoiler, *Schwimmkerl*-Badehilfen, neonfarbene Anziehsachen und die gute alte Hasenpfote zum Angeben bei ihren Mädels, die ihnen an Rohheit des Geistes und

Abgehalftertheit des Gemüts in nichts nachstehen, nein, in überhaupt nichts.

Live sah ich Helge Schneider zuletzt 1991, im *Quartier* in Berlin, das gab es da noch; jetzt treibt dort der Hütchenspieler auf Wohlstandsbürgerniveau, André Heller, unter dem wie immer geklauten Signet *Wintergarten* sein Wesen. Schneider war toll, hühnerte über die Bühne, sang, spielte und erzählte aufgeräumt und bewies Stil und Charme und Klasse, indem er trotz einer Stimmung, die der Eröffnung einer neuen *Möbel Hübner*-Filiale angemessen gewesen wäre, auch auf stille Pointen nicht verzichtete. Bloß daß eben z.B. die hinreißende Steigerung „Kleiner Vogel, mittlerer Vogel ..." kaum jemand mitkriegte, weil wieder Bier geholt oder weggebracht oder geschlürft und rumgegrölt werden mußte, „Hällgä! Hällgä!", obwohl er doch da war. Seine Konzerte sind zu Schreihalsmeetings geworden, wo ein Auditorium keins mehr ist, sondern nur kommt, um aufgepeitscht sich selbst zu feiern. Und Schneider bedient die Deppen auch noch und ist damit selbst: ein Depp.

In diesem einen, aber entscheidenden Punkt sind sie sich alle so entsetzlich ähnlich: z.B. Alice Schwarzer, die bei Blacky Fuchsberger zähnebleckend Rätselchen löst, die obertote Hose (oder muß es tote Oberhose heißen?) Campino, der *Titanic*-Mann Richard Kähler, der für *Mann-O-Mann* Herrenwitze schreibt, und jetzt eben auch Helge Schneider: Sie alle lügen sich Anbiederei als Ichhab'sgeschafft! schön, sie alle haben eben einfach *Humor*.

Schade: Helge Schneider ist Rainer Eppelmann.

Ein Herz für Zensur

Bonengel, Schlingensief, Klasse Gegen Klasse, der
Jesus-Trick und die Sehnsucht nach Ruhe und Ordnung
im deutschen Feuilleton

In des Daseins stillen Glanz / Platzt der Mensch mit
Ententanz: Im Herbst 1993 rieben sich, aufgeschreckt von
so kompetenten Medien wie dem *Spiegel* und *Titel, Thesen,
Temperamente,* diverse Regionalpolitiker den Schlaf aus
den Augen. Entschlossen machten sie Front gegen einen
neuen Nationalsozialismus, den sie, als er sich manife-
stierte, im „Aufkeimen" sahen. Adressaten des frisch ent-
deckten Politikermuts waren aber nicht die Nazis selbst,
denn das wäre zu simpel gewesen und zu wenig subtil. Man
stürzte sich vielmehr auf Abbildungen von Nazis, genauer:
auf den Dokumentarfilm *Beruf Neonazi.*

Dessen Regisseur Winfried Bonengel hatte zwei Nazis
porträtiert: den in Kanada lebenden Ernst Zündel und seinen Münchner Adlatus Ewald Althans, beide hervorgetre-
ten durch besonders hartnäckiges und höhnisches Leugnen
des Holocaust, beide trunken vor Selbstgewißheit und
Indolenz, angetrieben von rasendem Antisemitismus.
Bonengel wählte die Form des nichtkommentierenden
Dokumentarfilms, also die Methode, den Porträtierten sich
selbst entlarven und denunzieren zu lassen – eine Vor-
gehensweise, die den Vorteil hat, den Zuschauer nicht
pädagogisch zu kujonieren, ihn nicht didaktisch zu bevor-
munden, sondern ihn selber sehen und beurteilen zu lassen,
so schwer erträglich das Gesehene auch sein mag. Diese
keineswegs neue Methode nun sollte im Fall von *Beruf
Neonazi* des Teufels sein: Nach dem Dafürhalten diverser

Politiker und Journalisten, die den Film, wie sich später herausstellte, oft gar nicht gesehen hatten, sollte Bonengels Dokument selbst „faschistische Propaganda" sein. „Wir müssen wachsam sein und jedem Versuch entgegentreten, der dem Rechtsextremismus eine Plattform geben könnte", pathetete die sozialdemokratische hessische Kultusministerin Evelies Mayer, und überall im Land wurde die günstige Gelegenheit genutzt, eine von keiner Ahnung, worum es überhaupt ging und von keinem Gedanken behinderte Spitzengesinnung auszustellen. Nicht der Nazi Althans wurde angegriffen, sondern ein Film, der geeignet gewesen wäre, ihn dingfest zu machen; Althans nämlich blähte sich selbstdarstellerisch derart unverhohlen auf, daß man ihn gleich wegen verschiedener Delikte hätte hoppnehmen können. Diese Chance aber schlug 1993 ein Münchner Amtsgericht aus und sprach Althans vom Vorwurf, die sog. „Auschwitz-Lüge" verbreitet zu haben, frei; es sei zu begrüßen, wenn junge Menschen Zweifel an gewissen Details des Holocaust äußerten, hieß es in der Urteilsbegründung; nicht die aber wurde Thema öffentlichen Aufruhrs, sondern weiterhin Bonengels Film, auf den man sich so prima eingeschaukelt hatte, und der ansonsten angeblich zutiefst verfeindete Gruppen als Koalition fest unter einen Hut brachte:

Der eigentlich als klug geschätzte *Konkret*-Kollege Boris Gröndahl forderte in der *taz* ein Fernsehausstrahlungsverbot für *Beruf Neonazi,* von dem er, das gab er wie selbstverständlich zu, nur wenige Ausschnitte kannte. Seine Kollegin Christiane Peitz, die u.a. für die *Zeit* über Filme schreibt, erklärte bei einer öffentlichen Diskussion im Weddinger *Sputnik*-Kino, der Film „helfe ihr auch nicht dabei, Nazis richtig einschätzen zu können, also ob das jetzt Schwätzer seien oder wirklich gefährliche Leute, gegen die sie etwas unternehmen müsse"; dieses Statement kommt dem Verlangen gleich, an der Kinokasse einen Blindenhund ausgehändigt zu bekommen, der dann an den richtigen Stellen knurrt.

Eins muß man den Nazis konstatieren: Mit ihren Aktionen haben sie die Geistesverwirrtheit in den bürgerlichen, liberalen, linken und linksradikalen Lagern zum Vorschein gebracht; was da zutagetrat und -tritt, hätte man auch bei größter Skepsis nicht prophezeien können: „Die schlimmste Szene im Film", behauptete bei der Diskussion im *Sputnik* ein lederbejackter Mann um die 30, sei die, wo ein junger Amerikaner in Auschwitz Althans und seinen Lügen entgegentrete, als der gerade wieder lachend erklärt, niemand sei dort umgebracht worden. „Der hört Althans ja gar nicht zu", beklagte der Diskutierer, „der läßt ihn gar nicht ausreden. So entstehen Extreme, so entsteht Faschismus!" Faschist ist in den Augen des progressiv Angetünchten also jeder, der die Tatsache des Holocaust nicht zum Gegenstand von Meinungen machen lassen will und der sich entsprechende Fragebögen verbittet: a) hat stattgefunden, b) hat nicht stattgefunden, c) hat vielleicht stattgefunden, d) weiß nicht, e) will ich auch nicht wissen, und der es nicht für das Hauptverbrechen der Nazis hält, daß sie andere nicht haben ausreden lassen.

Auch die in nahezu völliger Bedeutungslosigkeit versunkenen, versprengten autonomen Kräfte wollten nicht abseits stehen, als es galt, einen sich die Hände reibenden Althans im Glück zu produzieren. Vom Kreuzberger *Eiszeit*-Kino hatten sie Diskussion und Kommentar verlangt, sonst gebe es Ärger. Die *Eiszeit*-Leute, seit vielen Jahren erfahren im Umgang mit KiezpolizistInnen jeder Art, mit Leuten also, die alles verbieten möchten, das sie entweder nicht verstehen oder das sie, aus Gründen, die anzugeben sie nicht willens oder fähig sind, für „gefährlich" halten, willigten ein. Das Ergebnis rechtfertigte den Aufwand kaum: Jeder Kinomacher, der den Film zeige, mache sich am neuen Faschismus mitschuldig, weil er damit Althans finanziere, hieß es da z.B. völlig kenntnislos; die besten Menschen der Welt hatten sich versammelt, um die weniger guten mit der zwar deplazierten, aber im hochmoralisch-erpresserischen Ton gestellten Frage zu behelligen, wann sie „das letzte Mal für die Knastkasse gespendet" hätten. Auch die unvermeidliche Phrase vom „Nazi in uns allen" tauchte auf; dazu sei abschließend gesagt, daß jeder, der einen „Nazi in sich" verspürt, ja gerne mit ihm Schiffe versenken o.ä. Geeignetes spielen darf, weniger verschwommene Menschen aber mit dem Unsinn zufrieden lassen soll. Der Film könne „junge Menschen mit nationalsozialistischem Gedankengut infizieren", wollte einer der Welt noch wichtig weismachen, als ob Faschismus ein Schnupfen wäre: Fatschiiie! Und auch Regisseur Bonengel fiel in der öffentlichen Debatte weit hinter seinen Film zurück: Er habe „alle betroffen machen wollen, damit jeder einzelne weiß, daß er etwas dagegen tun muß", behauptete er im *Sputnik* recht labbrig; wie aber eine als *politisch korrekt* empfundene Vorführung von *Beruf Neonazi* ausgesehen hätte, kann man sich lebhaft vorstellen: Alle fünf Minuten ruft ein gesinnungsüberprüfter Angestellter „Das ist jetzt wieder eine Stelle, wo wir besonders wachsam sein müssen!" Und alle nicken und

90

bewachen die Leinwand und wollen nicht begreifen, daß es *ein bißchen Zensur* nicht gibt.

Daß Leute, die im Leben nichts ausrichten, wenigstens im Kino den Helden spielen wollen und auf Zelluloid schießen, durfte auch der Mülheimer Regisseur Christoph Schlingensief reichlich erfahren. Sein Spielfilm *Terror 2000,* eine u.a. mit Alfred Edel, Udo Kier und Dietrich Kuhlbrodt grandios besetzte Hardcorekomödie über Rassismus in einem, so der Untertitel des Films, „Deutschland außer Kontrolle", wurde eben nicht nur von der *Berlinale* nach dem Motto ‚Bilder gut, alles gut' aus Rücksicht auf ein geschöntes Deutschland-Bild im Ausland wieder ausgeladen, sondern auch von der Speerspitze der Stadtteilrevolution unter Feuer genommen. Im Februar 1993 überfielen sechs Vermummte die *Sputnik*-Filiale am Südstern, zerstörten die Kopie von *Terror 2000* und hinterließen ein mit *Kommando Filmriß* gezeichnetes Flugblatt, in dem sie Schlingensief den Vorwurf machten, er zeige „ekelhafte Realität"; genausogut hätten sie ihn bezichtigen können, er verstehe etwas von seinem Beruf. Desweiteren propagierten die Jungs und Mädels aus dem Avantgarde-Haarstudio verstärkten „Terror" gegen die – wie stets in geheiligter Troika ausgestoßenen – Menschheitsgeißeln Sexismus, Rassismus, Faschismus, der aber in erster Linie zu einem gegen die Regeln der Orthographie geriet: Von „Rasismus" und „Sexsismus" war die Rede; leider nicht auch entsprechend von „Fasismusch". Aber wie heißt das *Prinzip Hoffnung:* Was nicht ist, das kann noch werden.

Auch dieser Fall zog eine öffentliche Diskussionsveranstaltung nach sich, deren Thema allerdings nicht das des Films – deutsche Volksgenossen außer Rand und Band,

autistisch, ungebremst aggressiv, tödlich – und auch nicht
die ausgeübte Zensur war, sondern – man kann es ja nicht
mehr hören, aber es gibt das ja betonfest weiterhin und immer noch – die eigene tollklasse, schimmelige *Betroffen-
heit*. Wir sind kaum minder grauenhaft / Als die NS-
Frauenschaft, hatte sich eine Damenriege unter Anführung
der *taz*-Redakteurin Imma Harms gesagt und war mit
Trillerpfeifen gekommen, um bei den Szenen des Films,
die sie gut pfadfinderisch als „Stellen" identifizierten,
Alarm zu schlagen. Zwar wurde über das Gepfeife immerhin herzlich gelacht; die Angst vor Bildern und ihre
Verwechslung mit der Wirklichkeit aber beherrschte diesen
Abend, als hätten sie alle Wim Wenders' Ursache und
Wirkung vertauschende Behauptung geschluckt, man
müße nur das Bild der Welt verändern, um so auch die
Welt selbst zu ändern.

Zur selben Zeit, als Schlingensief von einer Gruppe mit
dem großartigen Namen „Autonome Kommunisten für
Sozialismus statt Barbarei c/o Kopierladen ‚M 99'" be-
schuldigt wurde, ihm würden „noch die Barbareien des im-
perialistischen Alltags zur Ware", und sich der Kultur-
betrieb gleichzeitig darauf einigte, ihn als „Berufsprovo-
kateur" zu etikettieren, als sei etwas schon wahr, nur weil
die Feuilletons es wechselseitig voneinander abschreiben,
träumte im gebenedeiten Kreuzberg eine Schlägertruppe
namens *Klasse Gegen Klasse* den Menschheitstraum von
Gulaschkanonen und Fleischmarken. Bewohner von Dach-
geschoßwohnungen wurden von den nach Plockwurst für
alle sich sehnenden Blockwarten großsprecherisch mit
Mord bedroht: „Der einzige Platz für Mittelklasse-
schmarotzer liegt zwischen Mündungsfeuer und Ein-

schuß." Als Panzer für dergleichen SA-Ambitionen trugen sie eine angeblich „proletarische" Gesinnung vor sich her, die sich fix als ungebremster Protestantismus entpuppte: Verboten sollte nach dem Willen von *KGK* alles sein, was das Leben an Erfreulichkeiten zu bieten hat. In Sack und Asche habe man zu gehen und sich in diesem härenen Gewande von altem Fett oder Hirse zu ernähren. In Wohnungen mit Außentoilette und ohne Heizung und Bad habe man zu hausen, kurzum: Genau das Leben habe man zu fristen, gegen das die von *Klasse Gegen Klasse* naßforsch für sich in Anspruch genommene, vielzitierte *Arbeiterklasse* jahrzehntelang gekämpft hat (und schon bald wieder kämpfen muß, wenn sie dazu dann noch in der Lage ist und nicht lieber Richtung *Führer* läuft).

Besondere Aufmerksamkeit schenkte *KGK* dem Restaurant *Auerbach,* das von den Kostverächtern viermal – und zuletzt im Oktober 1993 mit einer Handgranate – angegriffen wurde; der vernichtende Befund der autonomen Restauranttester hatte ergeben, daß das Essen dort bei zivilen Tarifen geradezu verbrecherisch lecker war; die *Auerbach*-Leute nämlich hatten beschlossen, ihre Arbeit mit Leib und Seele zu tun, statt mit einer Frittenbude Profit zu machen. Im Gegensatz zu *Klasse Gegen Klasse* wußten sie, daß es kein *politisch korrektes* Essen gibt, sondern nur gutes oder schlechtes – sie zogen gutes vor. Andere Kleingewerbetreibende erhielten von *KGK* schriftlich die Ankündigung eines volltautologischen „finalen Endes", falls sie nicht bis Ende Januar 1994 verschwänden; die Präpotenzler erschienen zum avisierten Termin dann aber doch nicht, nicht einmal auf weißen Schimmeln.

Beinahe so unangenehm wie der Vorgang war die Art

und Weise der medialen Berichterstattung: Die beiden gemeinsam mit ihrer Klientel in rechtsalternative Sphären abgedrifteten Blätter *zitty* und *taz* ergingen sich in moralischem Aspik und beteuerten, mit Leuten wie *KGK* nichts zu schaffen zu haben – obwohl ihnen niemand das unterstellt hatte. (Man kennt diesen Komplex von der SPD, die sich noch heute dafür entschuldigt, daß sie irgendwann, vor 3000 Jahren, als „radikal" verschrien war.) Die Plattitüden von *Klasse Gegen Klasse* wurden dazu benutzt, sich als Gutmensch zu spreizen, sich im selben Atemzug von der eigenen Geschichte zu distanzieren und gleichzeitig allen, die noch nicht zu den Langeweilerwerten des alternativen Mittelstands – Wohlstand, Sicherheit und der Mann von der *Hamburg-Mannheimer* – konvertiert sind, in die Schuhe zu schieben, sie sympathisierten deshalb gleich mit den KnüppelausdemSack-Dumpfbacken von *Klasse Gegen Klasse.*

So fanden sie Anschluß an ihre Kollegen, die in der Debatte um die Regisseure Bonengel und Schlingensief die Gelegenheit ergriffen hatten, sich auf die richtige Seite zu schlagen. Denn wüst sind die Zeiten, aufgeregt scharrt das feuilletonistische Hühnervolk und schlägt mit den Flügeln: Wohin? Wohin? Nur jetzt nichts falschmachen: Die Weichen werden gestellt, und Bereitsein ist Pflicht. Aber geschickt muß man's anstellen: Beim Mitrennen muß man aussehen wie die personifizierte *Einsamkeit des Langstreckenläufers,* und simpler Opportunismus muß als kritische Intelligenz daherkommen.

„Für das Recht, einen Film schlecht finden zu dürfen, auch wenn er verboten ist", hatte die o.g. Frau Peitz im *Sputnik* mutig kämpfen wollen – als ob ihr das jemand je bestritten hätte. „Schick" sei es „unter Regisseuren geworden", behauptete sie anschließend im *Tip,* „sich ins Gewand des Gegners zu kleiden und darin den Kitzel des Verbotenen zu suchen", wo es doch vielmehr schick geworden ist unter Journalisten, jeden halben Gedanken auf Hunderte von Zeilen und einen sog. *Essay* aufzupumpen, den dann bevorzugt das *Spiegel*-Feuilleton druckt. Von den dort veröffentlichten Schreibern wie Botho Strauß, Wolf Biermann, Martin Walser oder Peter Schneider kann man dann auch lernen, wie man auf berechtigte Kritik an der völkischen Anbiederei reagiert: das Hemd aufreißen und beleidigt auf Jesus machen.

Der Christus-Trick nämlich klappt garantiert: Wenn deutsche Täter sich als Opferlämmer stilisieren, haben die Landsleute dafür immer Verständnis. Schwelgt man z.B. wie Biermann in dem Wunsch, entmachtete Kommunisten aufzuknüpfen („A la lanterne!"), phantasiert wie Walser angesichts brennender Asylbewerberheime von der Schönheit des Deutschseins oder dient sich wie Schneider, Hartung, Broder, Cohn-Bendit u.v.a.m. als Kriegshetzer in Restjugoslawien dem expandierenden Vaterlande an, wird dafür evtl. hie und da ein bißchen und, gemessen an dieser intellektuellen Armseligkeit wie Speichelleckerei, eher milde kritisiert, stellt man sich mit einer Mischung aus Wehleidigkeit und Denunzianz vor's Publikum und verhökert sich, weil das gerade sehr gut geht, als Opfer „linken Gesinnungsterrors". Denn man steht ja bekanntlich als mit Preisen oder Verdienstkreuzen behängter Staatsdichter und *Spiegel*-Autor immer mit einem Bein im Knast, wenn nicht im KZ.

Die Nazarener Schmerzensnummer, so fadenscheinig

sie auch ist, funktioniert; sie ist das Ticket zum Dabeisein für Leute, die, als das eben noch opportun war, den Verfassungsfeind markierten. Und so wie Schönhuber beteuert, „am Marterpfahl der Geschichte" zu stehen, so wie der PDS-Mann Heinrich Fink anläßlich seiner Relegation von der Berliner Humboldt-Universität halluzinierte, er müsse „den Judenstern tragen", so führen sich Intellektuellendarsteller im deutschen Feuilleton auf, als würden sie dreimal am Tag gekreuzigt, und das natürlich im stalinistischen GULAG.

Wer so mit Verfolgung kokettiert, der soll nicht leer ausgehen: Ich plädiere auf zehn Jahre verschärfte Dünkelhaft.

Komödie, sitz!

Seit Jahren werden in deutschen Unterhaltungs- und Zerstreuungsredaktionen viele Hintern plattgesessen. Erschöpfte Menschen, allesamt mit dem Air der Jugendlichkeit parfümiert, ringen Hände, stützen Kinne und legen Stirnen in Falten – vergeblich. Ungelüftet sind Konferenzraum und Kopf, zum Verhindern und zum Feigesein ist man eingestellt worden, und brav hält man sich dran. Und doch schwingt leises Bedauern mit: „Ach, das Geld ist da, der technische Apparat ist da, was wir alles machen könnten", geht unisono ein Seufzer in Moll durchs Zimmer, bis plötzlich ein gehobener Humoraufpasser und Witzwart, der hier Abteilungsleiter heißt, sich räuspert und mutig Rederecht erbittet, denn er, der Abteilungsleiter, habe die Lösung, ja, besser noch: ein *Konzept.* „Ja, ja, sag es, sag das Zauberwort", schallt es ihm vielkehlig entgegen, und er, ein Mann mit schütterem Haupthaar und zwangsbuntem Brillengestell, er sagt es: „Comedy, meine Herren, Comedy."

Und genauso sieht das Zeug dann aus. Als wollten sie alle wieder und wieder David Nivens alten Witz bestätigen: „Die drei dünnsten Bücher der Welt heißen *Mysterien der britischen Küche, Almanach der italienischen Heldensagen* und *Das Lexikon des deutschen Humors.*" Die deutsche Übersetzung von *Sitcom* jedenfalls lautet: Sitz, Komödie, sitz!

Das Brechtmittel
Lutz Görner und seine ‚Lyrik für alle‘

Wo Lutz Görner hinspricht, da wird die Milch sauer. Den „ersten städtisch subventionierten deutschen Rezitator überhaupt“ nennt der Mann, dem jegliches Gespür für Peinlichkeit abgeht, sich selbst, und gern gibt er per Inserat mit seinen Erfolgen als Verkäufer seiner eigenen Produkte an: Wo Strebertum und Prahlhanselei auf Volkshochschulebene sich verbünden, da gedeiht einer wie Lutz Görner.

Seit 20 Jahren etwa zockelt er nun durchs Land und richtet Schaden an. Wen immer Görners Abgreiferblick trifft, der ist verloren, verraten und verramscht. Lang verstorbene und somit gänzlich wehrlose Autoren reißt sich Görner bevorzugt unter die Nägel; der ihm eigenen Mixtur aus Ehrgeiz, Geschäftstüchtigkeit und chronischem Mangel an Talent fielen u.a. Heine, Tucholsky und Goethe zum Opfer. Sie und alle anderen, die er sich ungebeten schnappt, nivelliert und banalisiert er durch einen Rezitationsstil, dem es gelingt, Marktschreiertum, Fadenscheinigkeit, kniefälligste Anbiederei, Bildungsbeflissenheit und Schauspielergehabe unter einen Pfaffenhut zu bringen. Der beim Vortrag meist schwer bedeutsam grimassierende und fuchtelnde Mann, der nach Herzjesuart erklärt, er wolle „helfen, die Meisterwerke deutscher Dichtkunst neu zu entdecken“, bohrt schon bei der Auswahl der Texte das jeweilige Brett an der dünnsten Stelle. Mit öliger Aufdringlichkeit, die bei ihm die fehlende Distanz zum Gegenstand ersetzen muß, schiebt er sich in den Vordergrund, kündigt grienend jede Pointe an und lacht –

höhöhö – anschließend selbstgefällig übers ganze Ohrfeigengesicht. Ach, wie dieser Aftermieter, dieser Halunke es geschafft hat, Robert Gernhardt die Erlaubnis abzuschwatzen, seine Gedichte in die Mangel zu nehmen und zuschandenzuzitieren, das – nein, das möchte ich gar nicht wissen. Nur Görner das Handwerk legen, das er nicht beherrscht.

Ein aufgeblasener Schulmeister ist Görner, einer von der Art, der man als Schüler Heftzwecken und nasse Schwämme auf den Stuhl legte, die man mit Kreide bewarf und mit Krampen beschoß, die man mit allen Mitteln bekämpfte in ihrem Geblähe aus geliehener Autorität und Kumpanei. „Ich will den Menschen zeigen, daß auch Gedichte unterhaltsam sein können", greint Görner, rutscht dem Publikum auf dem Bauche entgegen, tönt aber gleichzeitig, daß er „die erste gesprochene Literaturgeschichte der Lyrik im Fernsehn" betreibe mit seiner Luftpumpennummer, nein, unter „Literaturgeschichte" tut er's natürlich nicht, der Zwangscharakter. Mit Heyne- und Tucholsky-Programmen sah ich ihn in den Achtzigern live – es war, filigran formuliert, furchtbar, furchtbar, furchtbar, schmierseifigstes Bitteln und Betteln um Anerkennung.

Im TV jetzt ist's beinah noch gröber. „Bleiben Sie doch, ich hätte da noch ein Gedicht für Sie", leckt er die Lippen, als wolle er eine *Ado-Gardine* verticken: Es lohnt sich ...

Wem nach einem Gedicht, egal wie gut oder wie schlecht, zumute ist, der lese es sich selbst laut vor. Auch Legastheniker, Stammler, Kehlkopfkrebskranke und an Zungenspasmus Leidende werden etwas Hörenswerteres zuwege bringen als Lutz Görner, die Hämorrhoide der Literatur.

Buchgeflüster

Die nagelneusten und nichtigsten Depeschen von der Leipziger Buchmesse: Kultautor *Karl-Eduard von Däniken* präsentierte am Ullstein-Stand seine jüngsten Enthüllungen. *Marsmenschen in der DDR* liefert endlich die lückenlosen Beweise dafür, daß Honecker, Mielke & Co. in Wahrheit aus dem All ferngesteuert wurden; Hans Modrow, Markus Wolf und die Gebr. Brie (Tarnname: Brie-Brothers) erhalten sogar bis heute ihre Befehle aus einer Kommandozentrale unweit der Milchstraße. +++ Ebenfalls einen Stoßseufzer hat *Henryk Modest Broder* zu Papier gegeben. *Ich schäme mich* heißt das Buch zur gleichnamigen Fernsehserie bei *RTL*. Aufschluß über die Motive des Autors gibt das Einführungskapitel. Broder wörtlich: „Ich schäme mich, weil ich bei *Verzeih mir!* mitgemacht habe." +++ Altverleger *Klaus Wagenbach* hat auch in dieser Saison sein bestes Pferd im Stall, *Erich Fried*, noch einmal gesattelt und ins Rennen geschickt. Den Nachlaß des Dichters, einen Merkzettel mit der Aufschrift *Schreib's untereinander, und es ist ein Gedicht*, gibt es als Schmucktelegramm im Schuber. +++ Ebenfalls konkrete Lebenshilfe gibt *Andrea Dworkin* in ihrem Leitfaden *Lesbentaille – leicht gemacht*, erschienen im Zartbitter Verlag. +++ *Bodo Kirchhoff* tritt in diesem Frühjahr nur als Herausgeber in Erscheinung; für den *Hustler* hat er das *Sonderheft Nasenlöcher* ediert. +++ Nach *Anders Reisen, Ganz Anders Reisen* und *Jetzt Noch Anderser Reisen* gibt der Rowohlt Verlag ein weiteres Magazin für junge Globetrotter heraus: *Rucksack light*. Chefreporterin *Svende Merian* erweist sich als kundige Connaisseuse der

Kontinente: „Der Inder kommt ja quasi noch mehr aus Asien als der Grieche", schreibt sie in ihrem mit Abstand schönsten Text, dem Bericht über eine Reise nach Hamburg, zu *Cats*, mit der Firma ‚Ich-langweile-mich-zu-Tode-Tours'. +++ Der Hanfdampf in allen Glossen, *Mathias Bröckers*, hat bei Insel eine kleine Kulturgeschichte des Haschischverzehrs veröffentlicht: *Das Kiffen macht so gut wie kein Geräusch.* +++ Abermals sein Schweigegelübde von 1989 gebrochen hat *Gerhard Zwerenz* und unter dem Titel *Tucho und ich – Zwei wie Pech und Schwafel* „neue erotische Gedichte" publiziert; Zwerenzens alter Duzkumpel, der Berufssohn René Böll, jubelte bereits in *Praline*: „Je öller, je Böller!" +++ Einen kleinen Schatten auf den sonst so strahlenden Leipziger Bücherfrühling warf ein Live-Auftritt von *Lothar Matthäus* im Bertelsmann-Bierzelt. Anläßlich einer Signierstunde – sein Debüt heißt *Volk ohne Traumpaß* – wies ihn *Wolf Wondratschek* darauf hin, daß „drei Kreuze noch keine Unterschrift" seien. Matthäus reagierte prompt, setzte Hobbyboxer Wondratschek mit einem Karateschlag außer Gefecht und prahlte anschließend: „Mir kann keiner! Ich hab den Schwarzen Darm im Fist-Fucking!" Allein sein Ghostwriter *Wolf Biermann* wollte danach noch zu ihm halten: „Der Lothar is' mein Kumpel. Der hat fast so dicke Eier wie ich. Der hätte Bundespräsident werden sollen!" krakeelte der Barde ein ums andere Mal an der Bar. Was werden seine Lebensgefährten *Arved* und *Jürgen Fuchs* nur dazu sagen?

Meisen unter Ponies oder: In allen vier Ecken sollen Ratteln drin schnecken

„Ein Mensch, der stirbt, ohne über einen Rattelwitz gelacht zu haben, hat nicht gelebt oder ist kein Mensch", sagte der Dalai Lama Anfang Juni 1994 beim Internationalen Skinhead-Kongreß (ISK) in Frankfurt am Main. Mit dieser nachhaltig provozierenden These brach der tibetische Querdenker bei vielen Teilnehmern des jährlichen Top-Meetings der Skin-Szene verkrustete Denkstrukturen auf. Anschließend betraten die Shooting-Stars der ‚Caricatura Povera' (Die Zeit), Marcus Weimer und Olav Westphalen, besser bekannt unter ihrem gemeinsamen Nom de guerre Rattelschneck, von stürmischem Applaus umtost die Bühne des Frankfurter Hilton. „Hi, FRA", begrüßten die beiden quicken und wiefen Jungs vom Hamburger Brat Pack das angenehm gechocte Publikum. „Jeder Skinni hat eine Mutti. Und genau da müssen wir ansetzen. Genau da gehen wir rein", skizzierten die beiden international renommierten, wenn auch wegen ihrer unorthodoxen Methoden nicht unumstrittenen Street- und Artworker ihr Konzept. Zur Resozialisierung von gegen ihren Willen zu Nazis gewordenen Jugendlichen stellten die beiden alerten Hansestädter ihr neustes Projekt vor: DIE HOILSUSE, ein Fanzine von und für Skinheads.

Ihr Handwerk von der Pike auf gelernt haben sie bei F.K. Waechter, einem der schärfsten und bissigsten Polit-Karikaturisten und -Zampanos der Post-68er-Generation. „Waechter hat uns beigebracht, wie man mit spitzer Feder Mißstände aufzeigt, wie man den Finger in die Eiterbeulen der Gesellschaft legt, die Verhältnisse auf den Kopf stellt und dann zum Tanzen bringt, wie man die Welt quasi gegen den Strich bürstet", erklärt Olav Westphalen und fügt sardonisch hinzu: „Aber natürlich sind Lehrjahre keine Herrenjahre. Bevor wir an die Fleischtöpfe kamen, mußten wir bei Waechter auch jede Menge Brotjobs machen, Plakate für die AAO zum Beispiel, Visitenkarten für den Monokel-Club, lauter Kleinkram, Peanuts halt. Aber das hat uns nicht geschadet. Aus der Zeit haben wir noch jede Menge gute Connections – ohne Vitamin B läuft ja heutzutage in der Branche gar nichts mehr", lächelt der erfolgsgewohnte Wahl-Kalifornier.

Sein Kollege Marcus Weimer, der früher auf der Lyrikschiene seine Brötchen verdiente, ergänzt: „Mit unseren Bildern wollen wir die Menschen zum Nachdenken anregen, so im positiven Sinn herausfordern, sie aus ihrer Lethargie wecken. Ich komme ja mehr vom Wort her, so rein messagetechnisch gesehen jetzt, und Oli" – er zeigt auf Westphalen – „macht die visuelle Umsetzung. Es muß halt knallen irgendwie, stille Witze sind nicht so unser Ding. Wir sitzen lieber zwischen allen heißen Stühlen", sagt der ehemalige Wortspielkönig von Hamburg-Eppendorf nicht ohne Selbstbewußtsein; schließlich hat er dreimal in Folge die Gerhard Henschel-Gedächtnis-Kalauermedaille gewonnen.

Doch sofort wendet sich unser Gespräch wieder den tagespolitischen Ereignissen zu – die Rolle Deutschlands in Europa muß noch mit einer schneidenden Satire zur Kenntlichkeit entstellt werden. „Ich mach dann eine Kuh, auf der ‚Europa' steht", erklärt, jeder Zoll ein Profi, Marcus Weimer, „und die ächzt und bricht unter dem fetten Kohl fast zusammen, und auf dem Euter steht dann ‚Steuerzahler', weil der wird ja gemolken, hahaha, und in die Milch kommt dann Kaba, weil: So werden wir doch von den Politikern durch den Kakao gezogen, ist doch wahr, nee echt mal jetzt", redet sich Weimer in Rage, während Westphalen die Idee schon mal anskribbelt und die kritischen Kernsätze seines Kollegen ansonsten mimisch und gestisch mit geballter Faust unterstreicht.

Rattelschneck sind zwei unbequeme Zeitgenossen. Ihr jüngstes Buch heißt ,Dem weißen Häschen zwischen die Ohren', ist im Herbst 1994 bei Jochen Enterprises, Zossener Str. 20, 10961 Berlin erschienen und kostet 9 Mark 80.

P.S.: Nach dieser ganz ganz billigen Rattelschneck-Reklame jetzt aber hurtig der titelgebende Vierzeiler:

Meisen unter Ponies
1 Sommerlied

Unterm Pony manche Meise
Ging er auf die Sonnenreise
Doch alle, die er traf, die hatten
Gerade so wie er nen Schatten.

104

RatheNO! oder Ex oriente Lutz
oder Ein letztes Lätzchen für Lutz

Abgenutzt
und ausgelutzt:
Lutz.

Über Lutz muß man zwar gähnen.
Doch man darf ihn nicht erwähnen.
Über ihn darf man nicht schreiben.
Sonst beendet der sein Treiben
Nimmermehr. Denn er will bleiben.
Eine Plage. Eine Wutz.
Ewig und drei Tage: Lutz.

So will ich also schweigen
Von der Schlampe.
Nicht mal mit spitzen Fingern zeigen
Auf die Vollbartplumpsackwampe.
Sonst schickt der wieder Bücher in die Redaktion.
Unverlangt, mit Foto, die Kollegen kennen's schon:
Lutzens Flehen: Bitte, bitte, Rezension!

Damit sei von nun an Schlutz.
Allem Lutzgeunk zum Trutz
Sag ich beim Abschied leise Servutz ...

gez. Utz, der Wizard von Lutz

Aus meiner Kinderstube: Die Arafat-Verse
(geschrieben 1972)

Arafat, Arafat,
Doppelkinn und Wampe satt.
Glaubst Du denn, Du dicker Doofer,
Wir glaubten, Du glaubst an Jehova?

Du trägst einen Feudel und eine Sonnenbrille
Und glaubst an die Verschwörung der Juden der Welt.
Fest wie auch Joachims und Adolfs ist Dein Wille
Ja, Yassir Fruchtzwerg, Du bist ein Frauen-, nein ein
    Friedensheld.

Wer hat zwei volle, dicke, nasse Lippen?
Wer formuliert so freundlich: „Shalom, Israel"?
Wer ist der König der Palästinensersippen? –
Ya-, Ya-, ja Mensch, wie hieß er gleich noch schnell?

In einer Nacht im Gaza-Streifen
Kriegte er den ersten Steifen
Seitdem hat er davon geträumt
Wie man Israel verräumt.

Frankfurter Messe-Hotline

Und wieder kein schöner Bücherherbst – nun hat auch noch *Karl Moik* seine Autobiographie in Druck gegeben. *Fußkäs' mit Musik* sind die rund 400 bei Ullstein/Propyläen erschienenen Seiten betitelt, und sie sind eine wie die andere so erfreulich wie ein Schützenfest. Sein Erfolgsrezept, fettige Deutschtümelei mit Plastikmuzak zu koppeln und das Ergebnis als *authentisch* auszugeben, zieht Moik auch jenseits des *Musikantenstadels* durch und mutiert in seiner Darstellung vom Stellvertreter des Satans zum Nestor des Guten und Schönen; der ausgiebige Fototeil immerhin widerlegt die Moiksche Selbstsicht aufs Treffendste.

Kein bißchen weniger selig geht es bei *Benoîte Groult* zu. Die lederne Masturbationshelferin für bereits etwas angegangene Damen hat ihren Hit *Salz auf unserer Haut* noch einmal umgestrickt. Im Mittelpunkt stehen diesmal eine nymphische Malaysierin und ein gutbetuchter Hamburger Makler um die 50. *Pfeffer auf unserem Sack* heißt dieses allzufrühe, allzu durchsichtige Remake aus dem Hause Rowohlt.

Auch *Reinhold Messner* ist in diesem Herbst wieder vertreten – mit einer Überraschung vom Eichborn Verlag: In *Zauberberg, Basislager* beschreibt der ewige Wanderbursche einen schrecklichen Winter, den er, vergeblich auf günstiges Aufstiegswetter wartend, im Einmannzelt liegend und mit nichts zum Trost bei sich als einer Thomas Mann-Dünndruck-Gesamtausgabe, verbringen mußte. Messner erweist sich bereits im Vorwort als erstaunlich belesen. „Den siebzehnten Jänner ging Lenz ins

Gebirg', Klassestelle, der Büchner ist eh klasse" usw., legt Messner gut los, und dann beschreibt er minutiös die Qualen, die ihm seine Lektüre beschert: „Gräßlich, immer repräsentiert der Bürgersmann das Gute und der Künstler das Böse, und das, wo ich doch ein Künstler bin; der Mann hat sich sein Leben lang nicht entscheiden können, was er sein und mit wem er hat pimpern wollen, und daraus hat er dann dieses Deutschlehrergarn gedreht." (S. 118) Messners anfängliche Wut auf den seiner Meinung nach „grandios überschätzten, langweiligen alten Sack – ich schreibe zehnmal besser!" (S. 125) findet Linderung, als der Bergbesteiger sich in seiner Einsamkeit in Zwiesprache mit dem Dichter begibt: „Als ich anfing, meiner Verpflegung zuzurufen: ‚Hee! Halloo! Thomas Mann-Partywürstchen, wo steckt ihr?' oder ‚Tonio Kröger-Scheibletten, herkommen! Frühstück!', ging es mir gleich besser, und das Geschreibe nervte auch gar nicht mehr. Wurde sogar richtig lustig. Alles in allem hatten wir dann doch einen prima Winter zusammen." (S. 189)

Zauberberg, Basislager ist ein rasanter Quereinstieg in die deutsche Literaturkritik; es wird nicht nur für Wirbel sorgen, sondern auch seinem Autor genügend Geld für weitere literarische Expeditionen einbringen – geplant sind u.a. *Zeitenwende mit Ernst Jünger* und eine sommerliche Bodenseeüberquerung zu Fuß mit *Martin Walser*. Zunächst aber wird Messners *Zauberberg*-Variation verfilmt. Regie: *Hans Jürgen Syberberg,* Sponsor: *Underberg.* Prost!

Sick van Almsick

Sie sind klebriger als Hanni und Nanni und penetranter als die drei Damen vom Grill. Sie sind Schwestern im Geiste, und ihre Filme sind tödlich. Die älteste, Stefanie Graf, lobt die Nudel, spricht träumerisch vom Deo und preist das Automobil. Die mittlere, Claudia Schiffer, besingt ein körperdurstlöschendes Haarwuchsmittel: *„Fanta, Fanta,* bringt Spannkraft ins Haar, jaja, morgens *Fanta,* abends stanta, jajaja."* Nun ist auch für die jüngste im Bunde die Zeit des *Paech-Brot*-Stullen-Mümmelns vorbei: In *Sick, sicker, Almsick* spielt Franziska van Almsick sich selbst: Die Hl. Franzi, die auf der Flucht vor einer aggressiv frömmelnden Nonne (Margarethe von Trotta) in die Hände eines sadistischen Schwimmlehrers gerät. Dieser gewissenlose Schurke (Richard von Weizsäcker in der Rolle seines Lebens!) zwingt die Minderjährige mit Hilfe der chinesischen Wasserfolter, in miesen Streifen wie „Ja! Ja! OlympJa!" mitzuspielen und sich dabei von alten, schlaffen und gierigen Oberbürgermeistern anstarren zu lassen: „Ja, da lacht der Päderast / Sich einen dicken, dicken Ast", gibt der silbrige Trainer ungeniert sein Erfolgsrezept preis. Doch es kommt noch bestialischer: Als das junge Mädchen sich weigert, weiterhin mitzuspielen – die „Wer sich nicht wehrt, landet am Herd!"-Szene ist einer der ergreifendsten Momente in der Geschichte des Kinos –, droht ihr der angeblich väterliche Beschützer und Freund, sie von morgens bis nachts mit Schokoriegeln vollzustopfen: „Den langen Weg zur Menopause / Verkürzt Dir manche Lila Pause." Und dann wiehert der Dämon in sich hinein: „Gnihihihihi ..." Er ist so teuflisch! Es ist so schlimm!

Roman Polanski hat die Chance zu einem wirklich großen Film vertan, indem er sich von seinen Sponsoren über den Tisch ziehen ließ: *Milka*-Kühe, die Weltrekord schwimmen, bilden den bisherigen Tiefpunkt jungen europäischen Reklamefilmschaffens. Die Verleihstrategie, das C-Picture mit drei Millionen Kopien allein in Deutschland zu starten, hat dem bedauerlichen Ausrutscher so vieler talentierter Mitwirkender – außer van Almsick, von Trotta und von Weizsäcker ist auch Evelyn Künecke als Schwimmring, dabei – dennoch zum Erfolg verholfen.

Breitreifenbremsstreifen
Die Heckspoilersorte Mensch hat ein neues Idol:
den Rennfahrer Michael Schumacher

Weil Sport an sich noch nicht unangenehm genug ist, gibt es Sportjournalisten. Seit dem Anbeginn der Zeit ergießen sie sich in den Äther: „Ein frühes Tor würde dem Spiel guttun." Sie zerren Menschen, in deren Schädeln es noch gähnender zugeht als in ihren eigenen, vor Kameras und lassen sie dort „na gut" oder „ja gut" sagen. Oder, wie den Fußballspieler Andreas Möller 1990: „Vom Feeling her hatte ich ein gutes Gefühl."

Keine Frage: Eine Welt ohne Jörg Wontorra und Reinhold Beckmann, um stellvertretend nur zwei der aufdringlichsten des Gewerbes zu nennen, wäre eine bessere, eine schönere Welt, in der es dann vielleicht auch den chronischen „gefühlvollen Heber" nicht mehr geben müßte;

111

evtl. könnte man sogar aus dem Mund des ins Co-Kommentatorenfach gewechselten Karl-Heinz Rummenigge einmal diesen Satz hören: „Und jetzt Riedle, mit einem gefühllosen, ja extrem gefühlskalten, ach, was rede ich, mit einem geradezu frigiden Heber ...“ Das würde mir gefallen – besser jedenfalls, als ständig miterleben zu müssen, wie die Tennisspieler Stich und Becker nahezu pausenlos „der Elmshorner“ und „der Leimener“ genannt werden.

Seit 1991 gibt es auch „den Kerpener“; seitdem nämlich fährt Michael Schumacher Formel 1-Rennen. Mit viel Getöse im Kreis herumgejuckelt ist er aber schon als Vierjähriger; sein Vater betrieb die Kartbahn ‚Graf Berghe von Trips‘, benannt nach, was für ein Name!, Wolfgang Graf Berghe von Trips, der 1961 in Monza tödlich verunglückte (und an dessen Todestag ich geboren wurde, weshalb ich natürlich auch mit dem ‚Rennsport‘ genannten Krach und Gestank nichts am Helm habe).

Von einem, der sein Leben fast ausschließlich mit Kavaliersstart und Treibstoffvergeudung zugebracht hat und selbst im Alter von 25 Jahren keine Ambitionen erkennen läßt, damit aufzuhören, kann und darf man Intelligenz nicht erwarten noch verlangen. Für das, was Schumacher und seine Kollegen tun, reicht der IQ einer Scheibe Knäckebrot vollkommen aus. Was muß so einer schon können: Bleifuß aufs Gas stellen, an die Boxen fahren, auftanken lassen, Magnumflaschen Brause schwenken, junge Frauen in Badeanzügen umarmen; insgesamt niederschmetternd stupide Tätigkeiten, zumal für einen erwachsenen Menschen. Doch Schumacher hat es nicht anders gewollt: „Wir leben in einer Demokratie“, be-

112

kannte er in einem Interview mit der *Wochenpost* vom 28.7.1994, „und jeder kann frei entscheiden, welche Sportart er machen möchte." Donnerschlag – wo hat er das nur aufgeschnappt? Vielleicht bei einem der ‚Verhaltens- und Rhetorikkurse', die er Anfang der 90er Jahre während seiner Zeit als Testfahrer bei *Mercedes Daimler-Benz* absolvierte?

Trotz aller an Walter Jens geschulten Rhetorik geriet der Demokrat und zärtlich „Schumi" genannte Liebling der Breitreifenfreunde dieser Welt in Verruf: Sein Rennstall *Benetton-Ford* und er sollen betrogen, manipuliert und die großen Siege bloß erschwindelt haben! Mit Computertricks! Das ist ja schrecklich – vor allem schrecklich langweilig. Ob Rennfahrer siegen, verlieren, beschummeln oder die Freundlichkeit besitzen, sich zügig totzufahren, ist ganz uninteressant; spannender war schon der Versuch, Schumacher zu einer Art Jung-Siegfried aufzubauen, einem urdeutschen Helden, der nur durch Verrat, durch den Dolchstoß quasi, besiegt werden kann:

Nachdem Schumacher in Silverstone regelwidrig fuhr und deshalb für zwei Rennen gesperrt wurde, schäumte in der *Welt* vom 27.7.94 ein Heinz Horrmann: Von „greisen Verbandsherren" werde, da ist es wieder: „der Kerpener" künstlich gestoppt, „wo es den Konkurrenten auf den Pisten der Welt nicht mehr gelingen mag"; nein, wenn ein Deutscher die Weltherrschaft, und sei es auch nur die im Autofahren, anstrebt, da kann er nur mit unfairen, mit welschen, heimtückisch-hinterrücksen Mitteln gestoppt werden. Schade nur, daß Horrmann nicht noch historisch vergleichend den *Knebel- und Schandvertrag von Versailles* ins Feld führte.

Ein Volksheld aber ist Schumacher – und nur deshalb muß man sich mit dem gedankenabsorbierenden Gewürge überhaupt befassen – ohnehin für eine große, radikale Mehrheit: Deutsche Autofahrer, die nur ein Menschenrecht kennen und verlangen: Autofahren zu dürfen, wann, wo und wie schnell auch immer sie wollen. Grinsend, wie nur sie grinsen können, sitzen sie, eine Hand am Skrotum, von Hosenträgergurten auf lammfellbespannten Sitzen festgezurrt, in tiefergelegten, bespoilerten und getuneten Automobilen: potentielle Killer, die Airbag und ABS anschaffen, nur um selbst so ungefährdet wie möglich andere mit dem Tode bedrohen zu können; die Linke ist mit der Lichthupe verschweißt, und den Kopf ziert eine auch innen vollverspiegelte Sonnenbrille; überflüssig wie ein Kopf, geht ein alter Autofahrerschnack.

Aller Stigmatisierung, aller Witze zum Trotz hält sich der Typus des autofahrenden Aggressors hartnäckig; anläßlich des Ozon-Alarms in Hessen wünschte sich sogar der *taz*-Journalist Klaus-Peter Klingelschmitt, dessen Daseinszweck sonst im Verherrlichen rot-grüner Koalitionen besteht, im Juli 94 in seinem Blatte, die *BMW*-Typen (wie Bösewicht Mit Wichsgesicht) aller Marken persönlich bestrafen zu dürfen: Mit dem Vorschlaghammer wollte er ihnen die Kühlerhauben einschlagen oder ihnen, als Wachtmeister verkleidet, lebenslang die Pappe wegnehmen. Ein verständlicher Wunsch, geboren aus nackter Hilflosigkeit, denn sie sind überall, die ihren Wagen als Waffe auffassenden Mordbuben.

Was tun? Während Michael Schumacher wenigstens nur auf abgelegenen, eigens dafür hergestellten Strecken herumbrettert, bewegen sich seine Jünger, wie das im lin-

ken Jargon heißt, „in unseren ganz konkreten Lebens-
zusammenhängen". Das ist zwar entsetzlich enervierend,
macht aber auch, mit Marcel Reif gesprochen, „die Wege
kürzer": Gleich um die Ecke, in der Nachbarschaft
(„Neighbourhood"), sieht man herrenlos abgestelltes, auf-
getakeltes Kriegsgerät herumstehen, immer häufiger mit
dem an Widerwärtigkeit schwerlich nur zu übertreffenden
„Eure Armut kotzt mich an"-Aufkleber. Es muß ja nicht
gleich der Klingelschmittsche Vorschlaghammer sein (der
ohnehin zu auffällig ist). Ein Paar Arbeitsschuhe mit
Stahlkappen, schon für ca. 100,- DM im Berufsbeklei-
dungsgeschäft zu haben, leistet da gute Dienste und macht
schöne Beulen, mit ein bißchen Übung und Geschick sogar richtige Löcher. Und wer fragt da noch nach Michael
Schumacher?

1 Schicksal

Die Pubertät
Die kam so spät:
Die Regression
Wartete schon.

Seelsorgerischer Gastbeitrag vom Pfarrer Ernst Sack,
Diakon der Thomas-Gemeinde, Bielefeld:

Generation XY ungelöst ...

Viel ist in letzter Zeit von der sog. ‚Generation X' die Rede.
Ach je – schon wieder eine Generation, die sich für eine
‚verlorene' hält? Waren Hemingway und James Dean nicht
genug? Müssen sich auch die Jugendlichen der 90er Jahre
selber leid tun und schrecklich wichtig nehmen? – Ja, das
müssen sie: Es ist das Vorrecht junger Menschen, ihre ganz
spezifische Jämmerlichkeit für Weltdurchdringung und alles zu halten, denn so vergreist, wie man zwischen 16 und
19 ist, wird man sein ganzes Leben lang nicht mehr. Als
Jugendpfarrer bin ich erstaunt, wie glaubenswillig und
-bedürftig diese ‚X' genannte Generation ist; mußte man in
den letzten 20 Jahren Jugendlichen sog. ‚innere Werte'
mühsam nahebringen, können sie heute von sich aus nicht
genug davon kriegen. Heute heißt der Katechismus ‚Rettet
die Erde!' – die haben eine masochistische Sehnsucht nach
festen Regeln und Gesetzen, die selbst mich manchmal
schwindelig machen. Gern kommen sie zu mir und weinen,
daß die Welt schlecht ist und die Wale sterben müssen.
Viele von ihnen halten den Erfinder der Neutronenbombe
für den letzten Humanisten: Die Welt stellen sie sich am
liebsten ohne sich vor. Deshalb sind ihre Idole auch alle tot
– ich habe 17jährige gesehen, die über den Selbstmord des
ihnen persönlich nicht bekannten ‚Nirvana'-Sängers Kurt
Cobain ehrliche Tränen geweint haben – der Mann war ihr
Jesus. Er brachte sich um, weil er Erfolg hatte; die
Gesellschaft, die er verachtete, überschüttete ihn mit

Reichtum und Ruhm. Das verzieh er sich nicht, und Millionen Junggurken dackeln ihm hinterher, allerdings ohne die letzte Konsequenz. Naja, sonst hätte einer wie ich auch nichts mehr zu tun. Manchmal denke ich, einen an den Hals und dann zwei Wochen Stubenarrest wären das Beste. Aber als Jugendpfarrer sollte ich das wohl nicht allzulaut sagen.

Und wenn Ihr, Jugendliche, flennt, dies wäre jetzt ein zu verallgemeinernder Verriß: / Das letzte, das Cobain durch seinen Kopf ging, war nun einmal sein Gebiß.

Sülze, deutsch

Bizarre Welt der Hinterbänke: Der ostdeutsche CDU-Bundestagsabgeordnete Gottfried Haschke hat Anfang Januar 1994 verlangt, daß „jedes ausländisch geführte Restaurant in Deutschland wenigstens ein deutsches Gericht wie z.B. Bratwurst oder auch Eisbein auf der Karte haben oder andernfalls mit einer sog. *Pizza-Steuer* belegt werden" solle. Hat der Mann sonst nichts zu tun? Ist sein Leben so wüst und leer, daß er es allen anderen zur kulinarischen Vorhölle machen muß? Outet er sich selbst als Anhänger der ‚Harten Welle': Ich schieb mir Eisbein rein – und du? Sadomaso-Bratwurstpraktiken – na, wie wär's? Warum fällt ihm zur deutschen Küche nur Fraß ein? Heißt sein Vorbild Averell Dalton: Mampf mampf? Stibitzt er anderen gerne den Fettrand vom Steak? Ißt er die Teller gleich mit: Knurps knurps? Und woher kommt es, das Talent von Bewohnern der Fünf Neuen Imbißbuden, in wirklich jedes

Fettnäpfchen zu treten, das herumsteht? Ist das *savoir vivre* für Ostler: Wer einmal aus dem Fettnapf fraß ...? Und sollte einer, der auf den schönen Namen Haschke hört, nicht eher nach Haschischplätzchen gieren? Oder, mhmm, leckerlecker, nach Lungenhaschee? Und ist andererseits der Ausländer, der Türk, der Itaker, der Neger usw. überhaupt in der Lage, einen Bonvivant und Feinspitz wie Herrn Haschke zu befriedigen, so rein essensmäßig? Kann der Äthiopier das: Thüringer Rostbratwurst? Hat der Hungerleider das drauf? Oder ist nicht der Vorstoß zu verstehen als Aufforderung an alle deutschen Speckbacken, massenhaft zum Chinamann zu strömen, dort hämisch Grünkohl mit Pinkelwurst zu verlangen und hinterher zu maulen, es habe aber gar nicht nach Futtern wie bei Muttern geschmeckt? Und dann den Laden ein bißchen aufzumischen, so Marke ‚Was kann ich denn dafür, daß das Mondgesicht nicht anständig kochen kann?' – Nein, wenn schon ein deutsches Pflicht- und Standgericht, dann dieses: Schweinskopfsülze à la Haschke.

Einmal Erster Klasse

Eine Gruppe Ausflügler verstopfte die Zweite Klasse. Wo wollten die bloß alle hin? Wozu verreisen die Leute? Um immer wieder immer gleich sich selbst zu erleben? – Klar. – Und davon kriegen die nie genug? – Im Leben nicht. – Und sitzen die nie still und für sich in einer Ecke und halten den Rand? – Sie machten keinerlei Anstalten in dieser Richtung, und rasch verließ ich den Kegelclub des Grauens bzw. des Glücks – was auch in diesem Fall identisch war.

Im nächsten Wagen kam es noch ärger: Soldaten. Auch wenn einem die Landsknechte in den 90er Jahren als Guttempler mit weltumspannendem Helfersyndrom angedient werden, als große Brüder aller kleinen Leute; sie bleiben trotz aller Staatspropaganda doch, was sie sind: Schergen und Totmacher, immer in der Horde, im Troß. Allein ist der dienende Mann nicht denkbar – er funktioniert nur als Masse. Und verfügt dementsprechend auch nicht über ein minimales Quantum Geist oder ersatzweise wenigstens Schweigsamkeit. Wer nicht einmal genügend Selbstachtung aufbringt, um den Kriechdienst zu verweigern, muß halt mit dem Vakuum zwischen seinen Ohren prahlen und hausieren gehen.

Ich trollte mich und landete in der Ersten Klasse. Mittlere Geschäftsheinis saßen wichtig herum und dünsteten derart penetrant ihr Wühltisch-Credo aus – „Richtiges Geld mußt du machen – das Parfüm des Mannes ist der Erfolg!" –, daß ich jedem dieser Sitzsäcke gern ein großes Schild umgehängt hätte: Zu doof zum Milchholen – fällt hin und verbiegt die Mark.

Ich erwischte ein Abteil für mich alleine. Als Reisender

Erster Klasse genießt man besonderen *Service*, was übersetzt Fluch und Verderben heißt: Der Schaffner hatte sich automatisch in *meinen ganz persönlichen IC-Kellner* verwandelt und sah aus wie ein Berner Sennenhund in Uniform. „Kleinigkeit zu trinken?" fragte er launig, „Bierchen vielleicht? Gläschen Wein?" Ich bestellte ein Mineralwasser. „Aah – die kleine Nierenspülung", nickte er mir jovial zu, entschwand und war flugs zurück: „Bitte sehr – einmal die ganz große Bestellung", zwinkerte er, kassierte und entbot bedeutsam wie ein Papst die Rechte zum Gruß.

Die Welt ist – das nur zum Gerede von Ursprünglichkeit, Paradies usw. – seit ihrem Beginn ein unwirtlicher Ort. In schäbigem Zustand übernahm der Mensch die Schöpfung und hat seitdem wenig an ihr verbessert. Die Deutsche Bundesbahn z.B. verbietet ihren Kunden hartnäckig, im Güterzug oder im Gepäckwagen zu reisen.

WM '94: Neue Ziele für die RAF

Der einzige substantielle Vorwurf, den man der Roten Armee Fraktion und ihrer Tätigkeit in den 70er und 80er Jahren machen kann, ist dieser: Das Umbringen von Menschen, so logisch zwingend es manchmal auch scheinen will, hat doch immer etwas zutiefst Humorloses an sich, etwas von Gottesdienst: Man will die Widersprüche des Daseins, der eigenen Existenz, des gesellschaftlichen Systems usw. nicht aushalten, sondern auslöschen und wirft dafür das eigene Leben in die Opferschale: Ein

Terrorist muß ständig reisen, sich verkleiden wie die letzte Yuppie-Vogelscheuche, schläft in miesen Absteigen, ißt nicht regelmäßig warm, bekommt keine nette Post, läuft wie ein Wehrsportgrüppler oder ein paranoider Selbstverteidiger ständig mit einem Püster durch die Gegend, und wenn er dann am Ende im Knast verfault oder erschossen wird, dann war sein Leben wirklich nichts als Mühsal, Plage und Beladenheit; ein Jammertal halt.

Um wieviel sympathischer sind da doch die immer auch auf eigenen schnellen Lustgewinn ausgerichteten Aktionen jeder Art von Spaßguerilla: Wer z.B. Wolfgang Thierse entführt, rasiert und ihn anschließend gegen ein Glas Gurken wieder freiläßt, kann kein schlechter Mensch sein. Und bei aller Abneigung gegen Kohl-Witze: Wer immer dem Mann am 17. Juni 1994 empfahl, das trübe WM-Eröffnungsspiel in Chicago vor laufenden Kameras ohne Jackett zu besuchen, war zweifellos ein Humorsoldat.

Dennoch: Hätten die Reste der RAF nicht nach der Erschießung von Wolfgang Grams ihre herzileinmäßige BetroffenheitundWutundTrauer über die echt zynische und terroristenverachtende Polizei entdeckt und sich mit diesem weinerlichen Abgang verdrückt, sie hätten bei der Fußball-WM in den USA gut zu tun gehabt: Nach dem Motto ‚Elf Ziele sollt ihr sein‘ hatte sich am Eröffnungstag die deutsche Mannschaft aufgebaut, Trainer und Ersatzbank extra gerechnet. Drei Beispiele sollen genügen: Hans-Hubert ‚Never change a boring team‘ Vogts, dieser würdelose Mensch, läßt sich von einem zu 99% aus Pomade bestehenden Gerd Rubenbauer wie von jedermann ‚Berti‘ nennen; Lothar Matthäus, Reichsjugendführer ‚Freude durch Kraft‘, und schließlich Matthias Sammer, jene

Zusammenballung aus Fleiß und Pünktlichkeit, über den schon Oscar Wilde schrieb: „Ehrgeiz ist die letzte Zuflucht der Versager."

Und da soll noch einer sagen, die RAF würde nicht mehr gebraucht.

Von Bulgarien lernen heißt siegen lernen

Als 1989 Helmut Kohl und Michail Gorbatschow die Wiedervereinigung des zu Recht geteilten Deutschlands auskungelten, ihre Geheimdienstler die Sache in Marsch setzen ließen, in der Folge dann Horden von Semi-Humanoiden „Freiheit! Freiheit!" bzw. „Deutschland! Deutschland!" krakeelten und jeder, der sich nicht blind und taub stellte, die Folgen des kollektiven Wahns klar und deutlich vor sich sehen konnte, da gab es auch unter den wenigen nicht ganz Dummen einige, die sagten: Ach, laß ihnen doch ihr bißchen Nation und Vaterland, dann sind sie wenigstens mit sich selbst beschäftigt und tun niemand anderem etwas.

Hatte sich was: Kaum von der Leine gelassen, setzte das gebauchpinselte Volk von Helden und Freiheitsliebenden seinen Sinn- und Leitspruch ‚Think global, act local‘ in die Tat um und probierte, zunächst im kleinen, aus, wie ethnische Säuberungen funktionieren. Nur ein halbes Jahr später verlangte Helmut Kohl in seiner berüchtigten Geheimrede vor dem UN-Weltsicherheitsrat: Gewinn der Fußball-WM 1990 oder Weltkrieg. Wieder gab die Staatengemeinschaft wider besseres Wissen nach, und während Lothar Matthäus dummstolz die Weltmeisterschüssel gen Himmel reckte, taten seine Anhänger es ihm tausendfach mit der Reichskriegsflagge nach.

Und als wieder ein bißchen später Berlin, für das sich schon Goebbels und seine Leute so begeistert hatten, Reichshauptstadt werden sollte, da gab es immer noch viele, die glaubten, die Deutschen seien Menschen wie andere auch und gäben Ruhe, wenn man ihnen ihre Wünsche erfüllte.

Genau das aber tun sie nicht. Im Gegenteil: Reicht man ihnen in grenzenloser Gnade die Hand und gestattet ihnen, trotz zweier angezettelter Weltkriege, trotz Auschwitz und trotz ihres ungebrochenen Hangs, im Ausland in kurzen Hosen herumzulaufen, in dieser Welt ganz normal mitmachen zu dürfen, gehen sie einem augenblicklich an die Kehle und verlangen ganz selbstverständlich, Herrscher und Führer zu sein, obwohl sie doch noch nicht einmal halbwegs ordentlich kellnern, autofahren oder Post austragen können. Das Volk der ewigen Verlierer ist gefährlich: Vom Versager zum Vergaser ist es nur ein kleiner Schritt.

Die bulgarische Fußballnationalmannschaft hat am 10.7.1994 eigensinnig gegen das international verabredete

Appeasement mit den Deutschen verstoßen. Das war klug und weise, und die Welt ist ihr zu Dank verpflichtet.

Die Bulgaren nämlich haben gezeigt, wie man mit den Deutschen umspringen muß: Immer gib ihnen auf den Hut. Davon werden sie zwar auch nicht besser, aber wenigstens kurzfristig einmal kleinlaut und still.

Frisch vom Faß: Der Klassenhaß

Nichts riskiert und nichts verwettet
Doch getan, als ob Ihr hättet
Nachts die Bäckchen eingefettet
Hirn und Hintern wohlgebettet:
Blöde Brut.

Sinnlos um die Welt gejettet
Absturz - - - und dann *nicht* gerettet
Platter noch als platt geplättet
Ewig an Freund Hein gekettet:
Find ich gut.

Inhalt

War Hitler Antifaschist?	7
Was in Bad Kleinen wirklich geschah	9
Warum Birgit Hogefeld sofort raus muß	9
Helden in Dosen	11
Männer unter sengender Sonne	14
Pro Patria Bosniae	16
Mit Nazis reden?	17
Ganzkörpergänsehaut	19
„Den Faschisten Barolo bieten!"	23
Frühling für Filbinger	25
Wie ich einmal Bundespräsident wurde	29
Als Schokoladenonkel unterwegs	32
Tierschutz tut not	35
Neulich, am Bratwurst-Telefon	37
Vollmond	41
Sind so treue Hände	46
Glaubt an die PDS!	49
„Nie wieder zynisch leben"	52
Christus kam nur bis Greiz	55
Neuigkeiten aus Ungarn	57
Giordano Bruno wollte 1.500,- DM	58
Lob des Bastelns	60
Die Korri-Mörder	63

„Das machen die Kollegen alle!"	67
Musestunde mit Chatze	71
Ich bin ein toleranter Panther	72
Der Sexist	73
„Fleisch! Fleisch! Balla! Balla!"	76
Es will wohl Abend werden	79
Humor haben	82
Ein Herz für Zensur	87
Komödie, sitz!	97
Das Brechtmittel	98
Buchgeflüster	100
Meisen unter Ponies	102
RatheNO!	105
Die Arafat-Verse	106
Frankfurter Messe-Hotline	108
Sick van Almsick	110
Breitreifenbremsstreifen	111
1 Schicksal	115
Generation XY ungelöst ...	116
Sülze, deutsch	117
Einmal Erster Klasse	119
WM '94: Neue Ziele für die RAF	120
Von Bulgarien lernen heißt siegen lernen	122
Frisch vom Faß: Der Klassenhaß	124

Aus unserem Verlagsprogramm

Von Wiglaf Droste erschienen bereits:
Am Arsch die Räuber
»Schnell, witzig und akkurat: Literatur zur Zeit, Balsam für die, die in
diesen Tagen dringend Trost benötigen.« (Sender Freies Berlin)
Originalveröffentlichung. Broschiert, 128 Seiten.

Mein Kampf, dein Kampf
Was das Dasein ungenießbar macht, gehört an den Pranger gestellt.
Und da kommt einiges zusammen. Mit Zeichnungen von Rattelschneck.
Originalveröffentlichung. Broschiert, 128 Seiten.

In 80 Phrasen um die Welt
Extended Remix
Neue Phrasen braucht das Land! Die „dance version" einer lustvollen Kreuz-
fahrt in Wort und Bild. Mit 21 Zeichnungen von Rattelschneck.
Originalveröffentlichung. Klappenbroschur, 64 Seiten.

Franz Dobler
Bierherz / Flüssige Prosa
»Eines der witzigsten und lesenswertesten Bücher, die dieses Land in
den letzten Jahren hervorgebracht hat.« (Journal Frankfurt)
Originalausgabe. Broschiert, illustriert, 128 Seiten.

Stewart Home
Purer Wahnsinn / Roman
»Dieses Buch ist böse, vulgär, gewalttätig, völlig abgekupfert und
absolut brillant!« (New Musical Express, London)
Deutsche Erstausgabe. Klappenbroschur, 224 Seiten.

Sean McGuffin
Der Mann, der mit Chuck Berry getanzt hat
Siebzehn humorvoll-grimmige Geschichten aus Nordirland.
Originalausgabe. Klappenbroschur, 176 Seiten.

verlegt bei Edition Nautilus

Die neue CD

Wiglaf Droste
LIVE
Die schweren Jahre ab Dreiunddreißig
Bestell-Nr. 11-21

Erschienen auf Frühstyxradio. Vertrieb: Rough Trade. Erhältlich ab November 1994 im guten Fachhandel oder über:
FRÜHSTYXRADIO-Mailorder
Postfach 15 56 53, 28056 Bremen

Weiterhin erhältlich. Die CD:
Wiglaf Droste. Seine schönsten Erfolge – Live.
Bestell-Nr. 11-13

Die CDs kosten je 28,- DM zuzüglich Versandkosten (siehe unten):
BEI INLANDSBESTELLUNGEN Scheck/Bargeld: Versandkostenanteil pauschal 7,- DM. Per Nachnahme: Porto und Verpackung 10,- DM plus 3,- DM Einzahlungsgebühr. Bestellungen über 100,- DM sind porto- und versandkostenfrei. **BEI AUSLANDSBESTELLUNGEN** Euroscheck/Bargeld: Versandkostenanteil pauschal 15,- DM. Wegen der ständigen Erhöhungen der Nachnahmegebühren durch die Post empfehlen wir Scheck-Bestellungen.